天下人の日本史

信長、秀吉、家康の知略と戦略

本郷和人

宝島社新書

はじめに

織田信長、豊臣秀吉、徳川家康。

戦国時代の人気武将と言えば、この三人がまず挙がるのではないでしょうか。いずれもほとんど説明もいらないくらいに有名な、戦国大名の代表のような人物ですが、特にこの三人は「天下人」と称されます。

織田信長は、「天下布武」という言葉を掲げ、天下を統一しようとした戦国大名です。尾張の大名から次々に他国を侵略し、時には比叡山焼き討ちのような非常に残虐的と言われる所業を行いながら、天下を武でもって統一しようとしました。ところが、志半ばで部下の明智光秀に裏切られ、本能寺の変によって討たれて亡くなります。

主君・信長の仇を討ち、その天下統一の事業を受け継いだのが、豊臣秀吉です。秀吉はさまざまな謀略によって織田政権から天下を奪い取ると、織田家臣団内での後継者争いに打ち勝ち、ついに自らの天下を成し遂げました。しかし、晩年になるまで実子の後継者に恵まれず、また子ができたらできたで、朝鮮出兵という大失策を犯してしまいます。

朝鮮出兵の後始末もできないまま、秀吉が亡くなると、いよいよ徳川家康に天下の順番が回ってきます。家康は信長、秀吉とは違って、自分の政権の本拠を関東の江戸に置きました。東日本を開拓・開発していきながら、徳川政権のかたちを作っていきます。家康が築いた江戸幕府は、織田政権や豊臣政権とは違って、その後、二六〇年もの長期にわたり、存続していくことになります。

このように信長、秀吉、家康はいずれも「天下」の統一を目標に掲げた戦国大名であり、ゆえに「天下人」だったとされます。

しかし、そもそも彼らが統一しようとした「天下」とはどういう意味なのでしょうか。また、「天下人」とはどんな存在だったのでしょうか。私たちは「天下統一」と聞くと、それはいわゆる「全国制覇」のことであり、日本全国を自分の影響下に置いて統一しようということだと考えると思います。

しかし、近年の研究では、「天下」とは「日本全国」のことではないという説が有力です。果たして、信長や秀吉、家康にとって「天下」とはいったい何を指していたのでしょうか。ひいては、「天下」を統一するとはどういう意味だったのでしょうか。

本書では信長、秀吉、家康という三人の戦国武将の生きざまを通じて、「天下」とは何か、「天下人」とは何か、ひいては「日本」という「国のかたち」について、考えてみたいと思います。

本郷和人

織田信長の肖像。
提供：Bridgeman Images/アフロ

豊臣秀吉の肖像。
提供：akg-images/アフロ

徳川家康の肖像。
提供：akg-images/アフロ

目次

第三章 アイデアマン・豊臣秀吉……93

第四章 普通の人・徳川家康……145

スタッフ
●
カバーデザイン
G-clef
●
本文DTP
藤原政則
（アイ・ハブ）
●
編集
宮下雅子
（宝島社）
●
構成・編集協力
吉祥寺事務所

第一章 天下とは何か

「天下」は「日本全国」か、それとも「京都」か？

「天下」の範囲とはどこまでか

本書では戦国時代の三人の「天下人」、すなわち織田信長、豊臣秀吉、そして徳川家康について見ていきたいと思いますが、そもそも「天下人」の「天下」とはいったい何を指しているのでしょうか。織田信長が「天下布武」という印判を用いて、天下統一を目指したということは、よく知られているかと思います。

「天下統一」と言ったとき、私たちは普通、「日本全国を統一した」と考えるのではないでしょうか。その意味で言えば、「天下」とは「日本全国」を指していることになります。

ところが、近年、「天下」というと「日本全国」を指すのではなく、もっと限定した意味、つまり京都や京都周辺の一地域だけを指すのではないかという説が提出され、歴史学界では有力視されています。「天下」の意味が様変わりしつつあるのです。しかし、果たしてこの説が本当に正しいと言えるのか、まず本章では、そもそも「天下人」「天下統一」の「天下」とは何を表しているのか、検討してみたいと思います。

「天下布武」の「天下」は京都のこと!?

織田信長は、織田家の家督争いを治め、尾張を平定し清洲城に居を構えた後、美濃へと侵攻するために小牧山に城を築き、これを攻略します。そして、美濃井ノ口の稲葉山城に拠点を移すと、名前を岐阜城へと改めました。この頃から信長は「天下布武」の印判を使い始めました。さらにその後、安土城に拠点を移し京都を支配下に置いた頃から、従来の印判に竜を加えた「下り竜・天下布武」の判を使うようになりました。

「天下布武」、すなわち「天下に武を布く」とは、まさに自分の武力をもって天下を統一するという意味です。

従来、研究者の間では、信長の悲願とは日本列島を統一することであり、だからこそ印判で自分の願いを示したのだと考えられていました。つまり「天下布武」の「天下」とはいわゆる一般的な使われ方と同じく、「日本全国」を指すものとする向きが、専門家の間でも優勢でした。戦国時代において、印判に自分の理想や願望を示す慣習があり、信長が天下統一を目指して「天下布武」の文言を刻んだ判を使用したとしてもおかしくはありません。

しかし、近年では信長の「天下布武」とは日本列島全てを指すのではなく、「京都」もしくは「京都を中心とした畿内」という一部の地域を指すのだという説が有力視されています。おそらく、これを最初にはっきりと提唱したのは、成蹊大学名誉教授の池上裕子先生だったのではないかと思います。池上先生は吉川弘文館の「人物叢書」に入った『織田信長』を執筆していますが、「天下」という言葉が、日本全国ではなく、京都もしくはその周辺一帯を指す根拠として、いくつかの史料を引いておられます。

たとえば、『上杉家文書』のうち、一五六六（永禄九）年五月九日に上杉謙信は願文を書き、「武田晴信（武田信玄のこと）たいぢ、氏康・輝虎真実に無事をとげ、分国留守中きづかいなく、天下へ上洛せしめ」ることを祈ったとあります。「武田信玄を退け、北条氏康と和睦したのち、上洛する」と上杉謙信は願ったということですが、上洛のことを「天下へ上洛」と表現しています。ここでいう「分国」とは謙信自身の本拠地である領国、つまり越後のことを指しており、そこから空間的に離れた場所である「天下」は、すなわち「京都」を指しているというわけです。

このように当時、「天下」という言葉をより限定的に「京都」を指して用いた例がなかったわけではありません。この他にも、豊臣秀吉が後北条氏の小田原攻めののち、京都に戻ってきた際には「天下に帰ってきた」というような言い方をしています。このような事例から「天下布武」を「京都もしくは京都を中心とした畿内の政治秩序」と捉えることは不可能ではありません。

天下布武という印判を使用するようになったのち、一五六八（永禄一一）年には、信長は足利義昭を担いで上洛を果たします。そして、義昭が征夷大将軍に就任したことで、形式上では室町幕府を再興させたと言えます。

こうした根拠をつなぎ合わせれば、信長のことを「京都を守ろうとした人物」として理解することもできなくはありません。

実際、池上先生も著書『織田信長』のなかで次のように述べています。「信長にとっても、その他の人々にとっても、将軍就任・幕府再興には五畿内の平定・掌握という形が必要と考えられ、それが天下の（最大の）範囲であった。信長の『天下布武』は、まさにそのことを意味しており、ここにひとまずそれが実現したのである。五畿内＝天下を平定して、そこにあるべき幕府を再興したのである」（『織田信長』吉川弘文館より）。

信長は足利義昭を担ぎ上洛することで、室町幕府の再興を目指していた。その信長が掲げた「天下布武」とは、まさに京都へと上洛し、畿内を平定することを意味していたのだ、というわけです。

「天下＝京都」「天下＝畿内」説の三つのグループ

先述した池上先生は、その後、一五七三（天正元）年に、信長が足利義昭を追放して以降、「天下」とは全国を意味する言葉になったのだとしています。しかし、果たして、信長の「天下布武」とは、本当にそのような限定的な意味でしかなかったのでしょうか。

この説を反証する前に、まず「天下＝京都」もしくは「天下＝畿内」とする説を提唱する研究者を大きく分けて考えると、およそ次の三つのグループになるのではないかと思います。

ひとつめは、唯物史観的な考え方に則《のっと》った研究者によるものです。唯物史観的な見方をする研究者は、歴史における民衆の存在というものを大きく評価する傾向があります。つまり、「歴史を動かすのは民衆である」という考えが強いわけです。その反面、歴史的な人物、たとえば「織田信長」というひとりの天才的な「英雄」がいち時代をリードしたというような歴史観を否定します。つまり、信長が天下＝日本全体を統一しようとした稀有な存在であることを否定することで、民衆中心の歴史観を描こうというグループです。

二つめは、「京都こそ日本の中心である」という論を重視する研究者です。日本の歴史は常に西国を中心に動いており、その中心はあくまでも天皇が住まい、朝廷のある京都であるという発想で、主に京都大学を中心とした関西圏で研究する歴史学者に多く見られる傾向にあります。

三つめが、「他の研究者や従来の説とは極端に違うことを言えば目立つだろう」と考えているような人たちではないかと思います。このような人たちは、客観的な歴史分析や検証もそこそこに、より奇抜な持論を展開することで、注目を集めようとするところがあります。

このように「天下＝京都」もしくは「天下＝畿内」説に則って考えると、織田信長が掲げた「天下布武」とは、「京都やその周辺の秩序を武力をもって守る」ということになります。つまり、信長は足利義昭を担いで上洛を目指したことから、「室町幕府を重んじ、京都の秩序を再興する」ことが信長の目的だったと考えられるわけです。

こうした説によれば、信長は天下統一を目指したのではなく、あくまでも京都中心に戦国の世を生きたということになるでしょう。

また、「天下＝京都もしくは畿内」という観点に立つならば、「天下人」の意味も一変してしまいます。京都を中心とする畿内を平定した人物ということになるわけですから、そうであるならば、信長以前にも「天下人」は存在したことになるでしょう。

たとえば阿波国に本拠を持ち、室町幕府の体制を維持するために畿内に兵を送った三好長慶は、信長に先行した最初の「天下人」ということになります。さらに遡るならば、京で活躍した細川政元なども信長とほとんど変わらなくなるでしょう。

つまり、信長は戦国時代を代表する天才的な英雄ではなく、当時の多くの戦国大名と大差のない存在だったということになるのです。

しかし、繰り返しますが、信長は足利義昭の上洛を助け、将軍に就任させて足利幕府を再興することを、本当に「目的」としていたのでしょうか。むしろ、それは天下統一をするための「手段」に過ぎなかったのではないでしょうか。

これを考えるために、改めて「天下」の意味を考えてみたいと思います。

「天下」という言葉の意味と使われ方

源頼朝の「天下」の意味

天下という言葉自体が、その都度、その場面でどのように使われているかということに目を向けるのは大切なことですが、他方で、より長い目で見て、どのような文脈で使われてきたかを検討することも重要だと思います。

そこでまず確認したいのが、中世の始まり頃、「天下」という言葉がどう使われていたのかという点です。具体的には、源頼朝による「天下」という言葉の使い方です。

治承・寿永の乱、いわゆる「源平の戦い」によって、一一八五(元暦二/文治元)年に平家が滅亡すると、後白河法皇は脅威となりつつある鎌倉の源頼朝の政権に掣《せい》肘《ちゅう》を加えるべく、源義経に頼朝の討伐を命じました。ところが義経側に付く武士たちはほとんどおらず、その多くは頼朝を主人に選んだのです。

こうして法皇の思惑は外れ、義経は没落し、京都を離れて東北・平泉の藤原氏を頼りました。この義経の捜索を口実に、頼朝は法皇に圧力をかけ、全国に守護・地頭を設置する権限を引き出すことに成功します。現在の日本史の教科書では、この時点をもって鎌倉幕府が成立したとしています。

さらに頼朝は朝廷の行政にも干渉しました。それまで不遇であった九条兼実と結び、「議奏公卿」というグループを作り、後白河法皇の院政を牽制《けんせい》したのです。一一八六（文治二）年四月三〇日付で、頼朝は議奏公卿らに次のような書き出しで始まる書状を送っています。

「天下の政道は群卿の議奏によりて澄清《ちょうせい》せらるべきのよし、殊に計らい言上せしむるところ也」（天下を治める政治はあなたがた公卿の奏上によって清らかに行われるべきである、と特別に取り計らって［法皇に］申し上げたところです）

関東の武士たちの悲願は、自分たちの力で自分たちの土地を守り、京都の天皇と朝廷には頼らない、独立した自分たちの政権を作ることでした。つまり、「武士による武士のための武士の政権」を樹立することに他ならなかったのです。この悲願を担い、政権を立ち上げた頼朝の最大の使命とは、この鎌倉に成立した新しい政権をいかに維持していくかということになります。

頼朝は、自らの対抗勢力となりうる他の源氏（木曽の源義仲、常陸の佐竹秀義や志田義広ら）を退け、壇ノ浦の戦いにおいては平家を追討します。さらには奥州討伐によって、義経を匿《かくま》った平泉の藤原氏をも滅ぼしました。すでに平家を破った段階で、頼朝の政権を打倒できる武家はいなくなったことになります。

ただ、そこに立ちはだかったのが、後白河法皇による院政を敷く西国の朝廷勢力でした。朝廷と争うには、単純な武力だけでなく、外交を通じ、より政治的な交渉も重ねなければなりません。関東の武士たちは、そのような交渉を担える人物だからこそ、頼朝を主人と仰いだわけです。

そこで、後白河法皇の院政を牽制する意味で、頼朝は藤原本家の九条兼実と結んで、「議奏公卿」という行政グループを作りました。この面々に宛てて「天下の政道はあなたたちにかかっています。法皇の恣意を許すことなく、公明正大な為政を心がけてください」と頼朝は手紙を出したのでした。さてそれでは、このときに頼朝が記した「天下」とはいったい何を意味しているでしょうか。

先に述べたように、織田信長の「天下布武」における「天下」が日本全国ではなく、京都もしくは畿内を表すというのが学界では有力視されています。そうだとするならば、この頼朝の書状の「天下」も、京都もしくは畿内の政治を意味していたのでしょうか。

後章でも改めて確認していきますが、日本列島の先進地域は長らく西国であり、その中心は畿内であったと言えます。「西高東低」が日本列島の政治や経済、文化のひとつの法則でした。

ところが頼朝は、西側に比べて遅れていた関東に新しい政権を樹立しました。関東の武士たちの悲願を担う頼朝の課題とは、いわばこの「田舎」に興った政権を、どうやって先行する政権である西の朝廷に認めさせるか、ということだったと言えます。

つまり、関東の武士たちが担ぐ頼朝の政権の、歴史的な文脈を踏まえて考えるならば、頼朝の手紙における「天下」とは、京都やその周辺である畿内、地方である関東、さらには東北の平泉にあった藤原政権をも念頭に置いた、日本列島全体を指すと解釈すべきでしょう。つまり、ここでいう「天下」とは、私たちが一般的に考えているような、「日本全国」という意味なのです。

また、この議奏公卿らに宛てた手紙に先立って、一一八五(文治元)年一二月六日付の後白河法皇に宛てた「院奏折紙」や、同日付の九条兼実宛の書状にも、それぞれ「天下草創之時」「今度天下草創也」と、「天下」という言葉が使われています。

要は「今は世の中が大きく変わるときだから、お互いに頑張りましょう」というようなことが記されているわけですが、仮にこの「天下=京都」と考えるとするならば、「今は京都が大きく変わるときだから、頑張りましょう」というような意味になってしまいます。

そもそも頼朝は鎌倉にいるわけですから、これでは大きな矛盾が生じることになるでしょう。ですから、この「天下」という言葉も、同じ理由から「日本全国」を意味していると考えるのが自然です。

徳川家康の遺言に見られる「天下」の意味

次に確認したいのは、徳川家康が用いた「天下」という言葉についてです。家康はいくつか遺言を残していますが、なかでもよく知られたものの一節に「天下は一人の天下に非ず、天下は天下の天下なり」という言葉があります。『徳川実紀』から引用すると、およそ次のようなものになります。

「わが命旦夕に迫るといへども、将軍斯くおはしませば、天下のこと心安し、されども将軍の政道その理にかなわず億兆の民、艱難することあらんには、たれにても其の任に代らるべし、天下は一人の天下に非ず、天下は天下の天下なり、たとへ他人天下の政務をとりたりとも四海安穏にして万人その仁恵を蒙らばもとより、家康が本意にしていささかもうらみに思うことなし」

要するに「天下というものは私物化していいものではない。天下とは皆の天下である」と家康は言っているわけです。「徳川家が腐敗してしまったら、誰が天下人になっても構わない、きちんと天下を治められる人が天下人になるべきであり、徳川家にこだわる必要はない」と、家康はなかなか格好良い言葉を残しています。

この遺言には裏があり、実際には息子で後継の二代将軍・徳川秀忠に対しては、「もしもお前に逆らう者がいたら、たとえ徳川の人間であっても構わないから、すぐに潰せ」などと非常に物騒なことも言い残しています。実のところ、徳川家康としては「徳川の天下を揺るがす者がいたら容赦なく叩き潰せ」というのが本音だったのだろうと思います。しかし、表向きとしては、「天下は一人の天下に非ず、天下は天下の天下なり」なわけです。言ってみれば、これが幕府の公式見解だったわけで、そういう意味では、格好良すぎるところがありますね。

「天下＝京都」「天下＝畿内」とする立場に則ってこの家康の遺言を読むと、「京都は一人の京都に非ず、京都は京都の京都なり」となり、どうも具合が悪くはないでしょうか。正直、何を言っているのかよくわからなくなってしまう。

そもそもこの「天下は一人の天下に非ず、天下は天下の天下なり」は、古代中国の兵法書『六韜《りくとう》』に見られるものです。「天下というものは、君主一人のためのもののではない。天下とは、天下すべての人々のものである」というような意味であり、また、古来、中国では「天」というのは国を治めることにおいて重要な意味を持ちました。天子の徳がなくなれば、国が乱れ、天の命が下り、別の姓の天子が現れ、王朝が改まるという「易姓革命」の思想があったのです。

やはりその意味であれば、天下というのは国全体を表し、この場合、京都や畿内といった一地域を指すのでは具合が悪いのではないでしょうか。

天皇＝天下を治める王

中国の故事に触れたところで、そもそも「天下」という言葉とは何か、その由来を簡単に振り返ってみたいと思います。

天下という言葉は、古くは天皇のことを「治天下大王」と呼んでいたところに見出すことができます。「治天下大王」と書いて「あめのしたしろしめすおおきみ」と読みます。

古代日本において、天皇の権力はヤマト周辺に強力に働いていたわけですが、天皇の存在そのものは、日本列島全体の頂点に立つ者、立つべき者として意識されていました。つまり、日本列島において、天皇に比肩する者の存在をヤマトの政権は認めなかったわけです。その意味での「天下」であれば、都周辺の限られた地域ではなく、漠然としたものであれ、日本全体を指していたものと考えられます。

もちろん、「治天下大王」である天皇が、実際に日本列島を均一に統治したとは言えないと思います。後章でも述べるように、具体的に天下統一を実践したのは、織田信長の次の天下人である豊臣秀吉の治世においてだったと私は考えていますが、概念としての「天下」というものは日本列島全体を指しており、歴史を通じてずっと使われてきたものだったのです。

中国の故事に見る「天下」の意味

また、鎌倉時代の禅僧が中国大陸に渡り宋学を学んできますが、そこで広まった考え方として、『大学』の「修身斉家治国平天下」があります。「天下を平らかに治めるにはどうしたらよいか。まずは自分の行いを正しくし、ついで家を整え、次に国を平穏に治める。その成果をもって、天下を平らかにする」というように、この言葉では、儒学における政治観が示されています。

ここでは、自己→家→国→天下と段階的にスケールが大きくなっていくことがわかります。これを学んだ日本の知識人は、「天下」のことを「都」や「都の周辺」と限定的に考えたでしょうか。私はあり得ないと思います。やはり、日本全体のことを指したと考えたことでしょう。

そうだとすれば、なぜ信長の「天下布武」の「天下」だけが、京都、もしくはその周辺という限定的な地域として考えなければならないのか。その解釈には無理があり、不自然と言わざるを得ません。

先に述べたように、信長は、美濃に侵攻しこれを平定したのち、井ノ口を「岐阜」と改名しました。これは中国の故事にならったもので、周の時代に都が置かれた「岐山」という地名に由来するとされています。つまり、中国の歴史を知っていた信長が、『大学』の「修身斉家治国平天下」のことを知らなかったとはやはり考え難いと言えるでしょう。

新しい「企業理念」としての「天下布武」

ここまでは「天下」という言葉そのものの意味や、その使われ方についてより長い歴史のなかで見てきました。そうするとやはり、「天下」とは日本列島の全体、すなわち日本全国を意味する言葉として考えたほうが収まりは良さそうです。

もうひとつ、ここで見ていきたいのは、そもそも織田信長がこの「天下布武」という言葉を、どういう意図で自分の印判として用いたのか、という点です。印判に記されたこの言葉は、言ってみれば今後、織田家がどの方向へと進んでいくべきかを示した、企業理念のようなものです。

昨今、経営学の分野ではこの企業理念というものが重視されています。たとえば社員が営業に行ったりした際に、何か問題が発生したとしても、いちいち本社に伺いを立てなくとも、しっかりとした企業理念があればそれに照らし合わせて、社員一人ひとりが自ら判断することができる。だからこそ、企業理念というものはわかりやすいかたちできちんと打ち出すべきである、というようなことが経営学の本のなかでもしばしば説かれているわけです。「うちの会社は、利益を度外視して、社会奉仕を理念にしています」という企業理念を掲げている会社ならば、儲けたお金で山に木を植える「植樹」をしたり、福祉施設に寄付したりというようなことをするのかもしれない。そうした企業理念がしっかりしている会社の社員が、臨機応変に自分で物事を考えて行動ができ、チャンスを掴《つか》み成功することができる、というわけです。

それが本当かどうかはわかりませんが、ともかくこの「天下布武」とは、織田信長が掲げたある種の企業理念だったわけです。わざわざこの言葉を印判に用いたのは、これまでとは違う理念を提示して、家臣団に今後の自分たちが進むべき道をわかりやすく示したのです。また、それは同時に織田と領地を接するその他の戦国大名たちにも、織田家の方針を知らしめるものとなったはずです。

信長が「天下布武」という理念、つまり「武力で日本全国を統一する」というビジョンを打ち出したとするならば、織田家臣団はその目標のために切磋琢磨することを心に決めたでしょうし、周辺の大名たちも、信長が日本を統一しようとしているならば、当然ながら自らの領地を信長は狙ってくるはずだと考えるでしょう。織田と和睦を結ぶのか、徹底抗戦するのか、自分たちの態度も決めなくてはならないわけです。

そう考えると、あえて「天下布武」と打ち出すからには、やはりそれが新しい理念でなければなりません。従来通りの理念であれば、わざわざ示す必要はないでしょう。仮に「天下」を京都や京都を中心としたその周辺とするならば、上洛して京都周辺の秩序を回復するということになります。つまり、従来の室町幕府の体制を復興させ、その秩序を守ることを意味していたわけです。そうなると、「天下布武」は決して新しい理念を打ち出してはいないことになります。

もちろん、当時の戦国大名が皆、本気で上洛を目指していたかというと、それは嘘になるでしょう。信長だけでなく、越後の上杉謙信なども何度か上洛していますが、戦国大名の全てが上洛し室町幕府の再興を目指していたという考えは、頼山陽の『日本外史』によるイメージが大きい。そのため、今日では、武田信玄も今川義元も上洛をしようとしていたと考える研究者はほとんどいません。とはいえ、上洛というコンセプトや室町幕府復興というビジョンは当時、何ら新しいものではなかったことも確かです。

やはり「日本全国を武力でもって統一する」というビジョンのほうが、未だかつてないものだった。それゆえ、信長は「天下布武」の印判を用いるというわかりやすいかたちで、自分の企業理念を内外に示したのです。

つまり、信長が足利義昭を担いで上洛を果たしたのは、あくまでも「武力で日本全国を統一する」という目的を達成するための手段でしかなかったのです。これを「天下＝京都」「天下＝畿内」説で解釈してしまうと、目的と手段を取り違えることになってしまいます。

頼山陽『日本外史』では、信長は義昭を担いだ後、その旨みがなくなればすぐに義昭を捨ててしまったというような印象で記されています。義昭を担いで上洛したものの、室町幕府の秩序を守るというようなことは考えていなかったことが、その後の活動でわかります。結局、一五七三（天正元）年に信長は義昭を京都から追放しました。先述したように、池上先生はこの義昭追放より後に、「天下」とは全国を意味する言葉になっていったとしていますが、信長が従来には見られないような理念であるからこそ、「天下布武」というビジョンをわざわざ掲げたのであり、それは当初から、「天下＝日本全国」を意味していたのだろうと思います。

織田信長の「天下布武」の印判

「天下布武」を掲げる織田信長の軍事行動

「天下布武」と信長の軍事行動

「天下＝京都もしくは京都を中心とする畿内」と考える研究者は、「天下布武」を掲げた信長の「目的」とは、足利義昭を担いで上洛したことから、室町幕府を再興させることだったとしている点について、先に説明しました。私はこれを「目的」と「手段」を取り違えていると指摘しましたが、信長の真の目的は、その軍事行動を見てもよく理解できると思います。

たとえば、本能寺の変によって、明智光秀に信長が討たれる直前の織田家臣団の展開を見てみましょう。

中国地方には羽柴秀吉を派遣し、北陸には柴田勝家、関東は滝川一益、四国には丹羽長秀、そして京都・畿内方面の軍司令官として明智光秀を置いています。まさに日本全国にその武を発動し、全国統一を目指しているとしか言いようがない。京都あるいは畿内を治め秩序を保つことが目的ならば、それ以上、兵を動かす必要はありません。ですから、「天下＝京都もしくは畿内」説では、その後の信長の展開を説明することができません。

また、上洛の仕方についても信長は他の戦国大名とは異なっていました。尾張・美濃を掌握した信長が上洛を果たすには、琵琶湖周辺の近江を通らなければなりません。琵琶湖の北方である北近江にはかつては京極氏の家臣でその後、戦国大名となった浅井氏が、琵琶湖の南側の南近江には佐々木氏の本家と言うべき六角氏が、それぞれ統治していました。

信長は、浅井長政に自らの妹であるお市の方を嫁がせて同盟を結び、北近江を影響下に置きます。そして南近江の六角氏に対しては武力で侵攻し、これを屈服させると自らの領地にしました。ここで重要なのは、信長は上洛する過程で南近江を自分の領地にしたことです。

信長が京都を武力によって統一することを目指していたとすれば、信長の目的は京都を自分の領地にすることです。そうであれば、その他の土地を自分の領地にする必要はありません。

たとえば、越後の上杉謙信も一五五三（天文二二）年九月と一五五九（永禄二）年四月の二回、上洛を果たして後奈良天皇や正親町天皇、当時の将軍・足利義輝に拝謁しています。しかし、謙信の場合、京都への道中の国々を自分の領地にすることはなく、ただ通過するだけでした。そのため、他国を通る際にはそれなりの外交を行い、話を付けて通るわけです。

ところが、信長の上洛の場合、南近江から京都までの土地を、武力でもって自分の領地にしながら、堂々と通過しているのです。

北近江の浅井氏と同盟を結び仲間にし、北近江の六角氏を武力で打ち破り、同地を自分の領地することで、信長は近江を掌握・平定したのちに京都入りをしているわけです。この点から、信長はただ単に上洛することだけを目的にしていたのではないことがわかるのではないでしょうか。

上洛後の信長①なぜ丹波を攻めなかったのか

　また、仮に信長の目的が京都と京都周辺の畿内の平定だったとすれば、上洛し、足利義昭を征夷大将軍に就任させたのちの軍事行動は非常に不可解です。京都周辺には三好一族の残党や、畠山氏、細川氏といった勢力が残っており、仮に京都を平定するならば、これらの勢力を討つことから始めるのが普通です。ところが、信長はこれをしなかった。

　また、京都の西側には細川氏が治める丹波があります。西側から京都を攻める際にはこの丹波に兵を集結させるのが、室町時代を通じての常套手段でした。細川氏はこの丹波をしっかりと掌握することで、京都を軍事的に制圧してきたのです。その意味では、細川氏にとっても丹波は非常に重要な拠点であり、他の大名には決して渡さず、代々細川本家が統治してきました。

　京都を攻める東西のルートとしては、東は近江であり、西は丹波が入口となります。近江か丹波を前線基地として京都を攻めるというのが常套手段なわけですが、逆に言えば、この二カ国を押さえることで京都の守りを固めることができるわけです。信長はすでに上洛した時点で、近江を支配下に置いていました。仮に信長が、京都を中心とした畿内の秩序を優先していたとするならば、まず一番に行うのは、西の守りを固めること、つまり丹波の細川氏を叩くことだったはずです。京都の安定を考えるならば、丹波の平定を急がなければ、いつ敵対勢力が京都へと攻め込んで来るかわかりません。

しかし、信長はこれをすぐには行わなかった。部下の明智光秀に丹波攻略を命じたのは、信長が上洛した一五六八(永禄一一)年から七年後のことでした。ちなみに、本能寺の変では、明智光秀の軍勢は、信長のいる京都に丹波から侵入し攻めています。それほど丹波は京都への攻撃の要所であるとともに、守りの要《かなめ》であったのです。

上洛後の信長②なぜ朝倉を攻めたのか

それでは、信長が上洛後にとった最初の軍事行動とはどんなものだったかというと、現在の福井県に当たる越前の朝倉義景を攻めることだったのです。越前は畿内からも距離があり、仮に「天下＝京都、もしくは京都を中心とした畿内」の秩序を守ることが目的であれば、丹波攻めや畿内の敵対勢力を平定することよりも優先して、わざわざ攻める必要はなかったでしょう。

また、この朝倉義景はほとんど越前の引きこもりのような存在で、京都と関係を持つことを避けていました。実際に、足利義昭が室町幕府の再興を悲願として越前の一乗谷に赴き、朝倉に助けを求めた際にも、「自分たちは京都とは無関係です」と断っています。朝倉に袖にされた義昭は、やむなく信長のところに転がり込み、上洛に力を貸してくれるよう、泣き付いたわけです。つまり、朝倉義景は京都や畿内をどうこうしようという野心を持ち合わせてはなかった。ですから、越前の朝倉氏は、京都や畿内にとって脅威ではなかったのです。

「天下＝畿内」説に立つとすれば、上洛後、最初に越前攻めを行った、信長の軍事行動の意味を理解することはできません。

信長が朝倉を攻めたのは、やはり天下統一を「目的」としていたからではないでしょうか。日本全体の統治を目指し、自分の領土を少しでも広げようという戦略を取ったとするならば、越前は美濃に隣接しており、地政学的にも攻めやすい土地だったと言えます。しかも高い生産力を有する国でした。だから攻めたのです。このように考えると信長にとって、足利義昭を担いで上洛することは、天下統一という「目的」のための「手段」に過ぎなかったのだということになるでしょう。

信長の比叡山焼き討ちの真意

少し、歴史の時計の針を戻して、信長が近江の平定を行った時点を見ていくと、特に有名なのは、琵琶湖と京都の間に位置する比叡山を焼き討ちし、多くの僧侶（三〇〇〇ともいわれる）を殺したことでしょう。

なぜ、信長がそこまで徹底的に比叡山を攻撃しなければならなかったかというと、当時の比叡山は、京都の経済圏に対して大きな影響力を有していたからだったのです。

比叡山の門前町である近江の坂本には、「馬借《ばしゃく》」と呼ばれる人々がおり、そこは全国各地からの荷物が集積される場所でした。当時は日本海側での交易が盛んで、現在の福井県の小浜や敦賀などから荷上げされた荷物は、琵琶湖の水上ルートを通って、船で比叡山のほとりにある坂本まで運ばれてきました。そして、こうした物品は坂本から馬に乗せて京都へと送られるのです。比叡山は坂本に関所を置くことで、通行料として税を取り、京都の経済を支配していたのでした。

いわば信長は、比叡山が持つ京都の経済圏に対する権益を手中に収めるために焼き討ちを行ったのです。焼き討ち後、坂本を統治するために城主として抜擢されたのが、明智光秀でした、彼は、かつて京都奉行のひとりでもありましたから、京都の経済や政治についても明るい。だからこその抜擢だったのでしょう。

つまり、信長は坂本を自ら治めずに、部下に丸投げしたことになります。坂本を確保するということは、京都の東側を支配することができるわけです。

先述したように、反対の西側には細川氏が治める丹波があります。仮に信長が京都を中心とした畿内の秩序を優先していたのだとするならば、上洛後に攻めるべきは越前の朝倉氏ではなく、丹波の細川氏だったことでしょう。しかし、信長はここでも明智光秀に丹波攻略を一任しています。光秀は丹波を攻略したのちには亀山城を築き、自らの第二の居城としました。

「天下布武」が京都を中心とした畿内の統治を意味するならば、本来、部下の光秀ひとりに任せず、信長自身が丹波を支配すべきでしょう。ところが、信長は光秀に京都周辺を一任して、自らは動きませんでした。

ここにも「天下＝畿内」説の矛盾があると言えます。

天下人・織田信長の思惑

信長にとって「上洛」は何を意味していたのか

信長にとって上洛をする、つまり京都を押さえるということは、商業経済の中枢を押さえることを意味していたのではないでしょうか。だからこそ、京都の経済圏に強い影響力を持つ比叡山を徹底的に叩く必要があったのです。また、信長は京都に加えて、やはり経済都市として知られる堺も支配下に置いています。のちに秀吉は大坂城を築き、堺の経済を活用しましたが、これがすんなりできたのは、もともと信長が大坂に城を築くつもりでその準備をしていたからだという説もあります。

このように信長が畿内に期待していたのは、京都を中心とした商業経済から得られる権益だったと考えられます。

戦国大名は皆、上洛を目指したとしばしば言われますが、先述したようにこれは幕末に活躍した頼山陽の『日本外史』の影響が大きかったのではないかと思われます。同書のなかで、戦国大名は皆、京都に憧れ、京都を占領して政治的に力を得ることを重視していたと描写されていますが、これが実際の戦国大名とはかけ離れていたことは、京都とは関係を持つことを拒否し、越前に引きこもっていた朝倉義景のような例を見れば明らかでしょう。

そのなかで、信長は京都や堺を中心とした経済の力を重視していた。それが彼の「天下布武」という目的を達成するための手段として重要だった。だからこそ、上洛を目指したというわけです。京都を中心に考えすぎる人たちは、残念ながらやはり「目的」と「手段」を取り違えている、と言わざるを得ないでしょう。

やはり、「天下布武」の「天下」とは日本全国を意味し、信長は「日本全国を武力によって統一する」ことを最初に志し、打ち出した、稀有な存在だったのです。

信長以前にも天下人はいた!?――阿波国の三好長慶

どうしても京都を中心に考えてしまう人は、「天下布武」を京都、もしくはその周辺の畿内の平定することだと見なしてしまいます。その結果、織田信長を普通の戦国大名と大して変わらない存在として描きます。

そうなると先述したように、「天下＝京都もしくは畿内」であることから、「天下人」はあくまでも「京都を中心とする畿内を平定した人物」となり、信長以前にも「天下人」は存在したことになります。

たとえば、信長の上洛に先立つこと約二〇年前、一五四九（天文一八）年に阿波国に本拠を持つ三好長慶は、細川氏を破って上洛を果たします。三好氏は足利将軍と室町幕府の秩序になり代わり、京都と畿内の秩序を自分たちで制圧しようと考えていました。

その後、三好長慶の後を継いだ三好三人衆らによって、第一三代将軍・足利義輝が殺害され、阿波公方の足利義栄を第一四代将軍に擁立し、畿内での影響力をより

大阪・南宗寺にある三好長慶の銅像。写真：菅村修三/アフロ

強めていきます。さらにそののちには、信長がこの三好一族の勢力を退けて上洛を果たし、足利義昭を第一五代将軍に就任させるのです。

京都を中心にものを考えるならば、信長に先行する天下人は三好長慶とその一族であるということになるでしょう。

さらに遡るならば、一一代将軍・足利義澄を擁立し、幕政を執り仕切った細川政元もまた天下人ということになるでしょう。また、その後、一〇代将軍だった足利義材、のちの足利義稙を担いで周防国（現在の山口県）から上洛した大内義興もまた、天下人となります。つまり、天下人だらけで、信長は際立った人物ではないということになります。

しかし、三好長慶と織田信長に限って言えば、同じ「天下人」として一直線にはつながらないと思うのです。それはそれぞれの兵力を見れば明らかです。

三好長慶が畿内を攻略する際に動員できた兵力は五〇〇〇に満たないくらいだったと考えられます。しかし、信長の兵力となると、もはや桁が違います。

戦国大名の兵力数については、だいたい四〇万石で一万人という簡易的な計算法則があります。これに当てはめて考えると、戦国時代においては、その領主同士の戦いとなると、基本的にはお互いに万単位の軍勢を動員して行われるのが普通になっていました。

信長の兵力について詳細は次章に譲りたいと思いますが、信長が最初に平定した尾張だけで六〇万石、その後に支配下においた美濃も同じく六〇万石ですから、単純に計算すれば尾張と美濃の二カ国だけで、およそ三万の兵力を動員できたことになります。

三好長慶の五〇〇〇の軍勢と信長の三万の軍勢では、読んで字の如く「桁違い」

です。つまり、京都を中心に考える人たちが言うところの、三好長慶やそれ以前の「天下人」と、織田信長とでは軍事力に雲泥の差があり、それはもはや質的な違いになっているのではないか、ということです。

織田信長こそが最初の「天下人」だった

三好長慶らを信長よりも先行する「天下人」と考えるということは、いわば三好長慶と信長の間に「天下人」として連続する線を引くことになります。ところが、その軍事力から言っても相当に異なるふたりを同一線上で比べること自体、間違いなのではないでしょうか。

明らかに信長は先行する三好長慶らとは質的に異なる戦国大名だった。彼は京都の平定だけを考えた戦国大名ではなく、日本全国を武力でもって統一する、もっと言えば統一できると考えた最初の戦国大名であり、その意味で本当の「天下人」だったのではないでしょうか。

だからこそ、京都だけを重視したのではなく、南近江を自らの勢力下に置き、上洛後も自分の領地を拡大するために越前を攻めた。そして、晩年には中国地方、北陸地方、関東地方、四国地方、京都と畿内地方と自らの部下を派遣し、全国平定に向けて具体的に動いていた。このような動きをした戦国大名とは、やはり信長が最初だったのです。

これを一言で表した「天下布武」という言葉は、当時にあっては未だかつてなかった新しい理念であり、信長が織田家臣団に示したビジョンでした。このビジョンを打ち出すことができたという意味でも、信長の天性の才が窺《うかが》えます。次章では最初の「天下人」であるこの織田信長について、より詳しく見ていきたいと思います。

第二章 天才・織田信長

本拠地にこだわらない稀有な戦国大名

戦国大名は「自分の国」が大事

前章では「天下」という言葉の意味について検証してきました。「天下布武」という言葉をめぐる解釈を検討するなかで、織田信長についてはすでにかなり述べた感はありますが、本章では最初に「天下統一」というビジョンを掲げた誠に稀有な存在である織田信長の、その「天才」たるゆえんについて、見ていきたいと思います。

前章でも述べた通り、近年、織田信長という英雄的な戦国大名は、実は普通の戦国大名と変わらない存在だったとする説を唱える向きが強くなっています。信長が言う「天下」とは「京都」「畿内」のことであり、それはこれまでの戦国大名の路線と何ら変わるものではないというものです。

しかし、そもそも織田信長の出現によって戦国時代が終わりを告げたというのが歴史の大きな流れなのですが、もし、信長が畿内のことだけを考えていたのであれば、これを説明することができません。

信長が当時、大勢いた戦国大名のうちのひとりに過ぎないのであるならば、何故、彼の出現をもってして戦国時代は終わることになるのでしょうか。仮に信長が畿内の統一しか考えていなかったとすれば、信長の動きによって戦国時代が終わりを告げるのかを説明することができず、単なる「偶然」だったと言う他ありません。これでは、あまりに説得力がないでしょう。私は、歴史研究のさまざまな先人が史料を検証し思索を重ねた上で導き出した、信長は天下統一を目指した稀有な戦国大名であるという従来の見解に賛成です。そうでなければ、信長の出現をもって戦国時代が終わりへと向かっていくことはあり得ないからです。

武田信玄の本拠地はあくまでも甲斐

改めて信長が天下統一を目指したことの意義について考えてみます。たとえば『信長の野望』などのシミュレーションゲームでは、基本的にどの戦国大名を選んだとしても、クリア条件となるのは日本全国を統一することになります。

しかし、実際の戦国大名が皆、天下統一を目指していたかというと、実はそうではありません。むしろ、当時の戦国大名のなかで日本全国を制覇しようとしていた人物は、ほとんどいなかったのです。

戦国大名とは基本的には本拠地である自国の領地を外敵から守り、きちんと治めていくことを第一に考える存在でした。自分の国を守るのが戦国大名です。この「自分の国」というのは、日本全国のことではなく、今で言うならば、県の単位がそれに当たります。今川であれば大事なのは自らの本拠地である駿河国、武田であれば甲斐国、上杉ならば越後国。それぞれの本拠地である自国を守ることが戦国大名の基本です。

たとえば、甲斐の武田信玄を例に考えてみましょう。戦国時代、最強の武将とも称される武田信玄ですが、彼もまた本拠地である甲斐を生涯、重視し続けた戦国大名です。

武田信玄が武田家の家督を継いだ時点で、信玄は甲斐一国を治める戦国大名でした。その後、隣国の信濃へと領土を拡張していき、およそ二〇年をかけて手中に収めます。また、川中島を挟んで越後の上杉謙信と衝突したことは有名です。

武田側の対上杉の前線基地となったのが当時の海津城、現在の松代城です。もし仮に、甲斐に加えて信濃を治め、最大のライバルである上杉謙信を牽制するとすれば、甲斐にいたのではやや離れすぎています。上杉軍の侵入があるたびにまず海津城でこれを食い止め、その間に甲府の躑躅《つつじ》ヶ崎館から本隊を出すということになるわけで、距離の分、時間がかかりすぎるわけです。だったら、諏訪や上田など、信濃のなかでも栄えていた地域へと本拠地を移し、対上杉攻略に腰を据えて当たるということもできたはずです。ところが、信玄は頑《かたく》なに本拠地を甲斐から動かしませんでした。

私は何度か、武田の本拠地である甲府を訪れたことがありますが、非常に驚いたのが、武田信玄の治水事業です。甲府を流れる御勅使《みだい》川や釜無川は、かつて大雨が降るとすぐに氾濫してしまうような暴れ川でした。そのために甲府はすぐに水が出てしまうような地域だったのです。

信玄は全国から技術者を集めて、治水事業に力を注ぐことで、川の氾濫を防ぎました。こうして造られた堤防は「信玄堤」と称され、よく知られています。当然ながら、こうした大規模な治水事業には莫大な費用がかかります。

また、甲府自体、そこまで広い町ではなく、田畑もそこまで豊かとは言い難い。さらには川の氾濫で大水が頻繁《ひんぱん》に出る土地柄で、なかなかに厄介なのです。それを信玄は莫大な費用をかけてまで、自らの本拠地として整備しました。

そうした手間暇を考えると、統治しやすい他の土地、たとえば先ほども述べた諏訪や上田に移ってもおかしくない。けれども信玄は生涯、甲斐を離れることはなかったのです。

この点を考えると、やはり信玄にとって最も大切なのは甲斐だったのだということになるでしょう。武田氏は甲斐で成長し大きくなった。自らの国として代々、甲斐を受け継いで続いた武田家であるから、その本拠地を守り続けるというのが、やはり信玄にとっては当たり前のことだったのでしょう。ですから、信玄の本国はあくまでも甲斐。いくら信濃へと領土を拡大したとしてもそれは変わりません。

これは駿河の今川氏にとっても同様です。今川も駿河から遠江、三河と次々に西へ領土を拡大させていきましたが、決して駿河から本拠地を移すことはありませんでした。今川の本国はあくまでも駿河であるという気概が感じられます。

こうした例から、戦国大名にとって、守るべきものはあくまでも「自分の国」だったということがわかるでしょう。

しかし、ここで疑問となるのは、本拠地の甲斐を守ることが第一なはずの武田信玄は、隣国の信濃を攻め、領土を拡大していることです。また、今川も遠江、三河と領国を拡大しています。とはいえ、本拠地は決して動かさなかったというのは、こうした侵略と領土拡大が一番の目的ではなかったということだと思われます。つまり、優先したのはあくまでも自国領の安全を保障することだったのです。

たとえば、昭和初期に日本軍が朝鮮半島を支配下に置き、さらに満州へと侵攻したのは、当初は本土を守るための防衛線を広げるという名目でした。つまり、「満蒙が日本の生命線である」として、日本本土を守る盾としたわけです。これと同じように、武田も今川も自分が本拠地とする甲斐や駿河を守るために、隣国である信濃や遠江、三河を攻め取り、防衛線を広げたのだと考えられます。

もちろん、日本軍がやがて満州を緩衝地帯として防衛線を広げるだけでなく、「八紘一宇」を名目に、さらにアジアの奥へと侵攻を続けたように、防衛線拡大の過程で、新たな領地を獲得することが目的化していったことも想像に難くありません。しかしながら、それでも武田や今川が本拠地を動かさなかったことからわかるように、本国と同様に新領地をきちんと治めようとする意識は薄かったのではないかと思われます。

要は信濃を盾にして甲斐を守るというのが、武田信玄の思惑だったのではないでしょうか。

今川義元の本拠地はあくまでも駿河

これは同じ戦国大名である今川家の場合も同様です。今川義元は駿河を本拠地としましたが、駿河自体は富士山の裾野に広がる地域で、田畑がさほど多くなく、石高にすればわずか15万石ほどです。織田信長の尾張六〇万石とは、もはや生まれながらにして差があったと言えます。今川家は、義元の父である今川氏親の代で、すでに遠江を支配下に置いていましたが、駿河から本拠地を変えることはありませんでした。

今川義元の代には三河へと領土を拡大し、勢力を西へ西へと伸ばしていきます。駿河、遠江、三河を今川領としてしっかりと掌握し統治していくならば、本拠地をだいたい真ん中の遠江に移せば、たとえ国境に他国が侵入してきても、兵を出しやすいはずです。

これに対し、駿府は三カ国全体からすればやや東側で、結果的に西側の三河の統治や防衛が甘くなってしまうわけです。しかし、それでもなお、今川義元は、駿府を動きませんでした。

そのように考えてみると、やはり今川にとっても大切なのは駿河一国であり、遠江や三河は、あくまで駿河を守ための防衛線とするために領有していたということになるでしょう。

理屈としては、甲斐を本拠地とした武田信玄が信濃へと侵攻したことと同じということになります。

織田信長は本拠地を変え続けた

このように考えると、領地を拡大することで動員できる兵の数を増やし、その強大な兵力によって日本を統一しようと考えたのは、やはり信長が初めてだったのではないかと思うのです。

信長はといえば、織田家の家督を継ぎ、尾張を平定したのちは清洲城を居城としました。その後、美濃へと侵攻するために小牧山に城を築きます。美濃を攻略したのちには、美濃井ノ口の稲葉山城へと拠点を移しました。このとき、井ノ口を「岐阜」に改め、稲葉山城も岐阜城に改名しました。第一章で述べたように、この頃から、織田信長は「天下布武」の印判を用いるようになります。そして、近江を攻略したのちには、琵琶湖の東側に安土城を築き、ここを居城としました。

信長は武田信玄や今川義元とは異なり、領国を拡大するにつれて、本拠地を次々に変えていきました。言い換えれば本拠地に縛られず、また拡大した領国をきちんと統治し支配下に置いて、さらに領国を拡大しているのです。上洛し、本能寺の変で撃たれる間際には、大坂城に拠点を移すことを画策していたとも考えられています。

このように次々に拠点を移していきながら、領土を拡大することで、さらに兵を増強し、また新たに領土拡大していった信長は、その果てにこの日本全国を統一するという野望を抱いていたのではないか。武田信玄や今川義元があくまでも自国を守ることにこだわり、本拠地を動かさなかった一般的な戦国大名であるならば、このように外へ外へと拡張を続けた信長は、戦国大名のなかでも稀有な存在であり、非常に革新的な人物だったと言えるでしょう。

「職の体系」から「一職支配」へ

土地所有のあり方の歴史

もうひとつ、自分の本拠地にこだわらないという信長の特徴を考えたとき、注目したいのが「一職《いっしき》支配」ということです。これはこれまでの武家の権力者が行っていた支配とは異なる、新しい土地支配のあり方を指しています。少し駆け足になりますが、ここで日本における土地所有のあり方の歴史を見ていきましょう。

まず、古代日本では「班田収授法」という法令がありました。この法令では、六歳になると口分田《くぶんでん》を貸し与えられ、その代わりに租庸調《そようちょう》の税を支払わなければならないと定められています。口分田とは朝廷から貸し与えられる土地です。当時、日本列島の全ての土地は天皇のものであり、全ての民は天皇の民であるという「公地公民」という大原則がありました。つまり、日本列島の人々は、天皇から土地を貸し与えられ、その土地を開墾して税金を支払うという名目だったのです。その後、土地を貸し与えられた人間が亡くなると、開墾した土地は全て朝廷に返上されることになります。

しかし、果たしてこのような政策が、古代日本においてきちんと遂行されていたかは甚《はなは》だ疑問です。班田収授法を問題なく運用するためには、日本列島中の人間がどこに住んでいるかを把握し、出生や死亡といった人口動態をきちんと調べなければなりません。具体的には戸籍を作り、それに基づいて土地を貸し与えたり、返納させたりするわけですが、古代において日本全土にあまねくそれができたとは考え難いと思います。

いわば公地公民も班田収授法も名目上のことであり、実態はそれとは違っていたと考えられます。つまりそれは机上の空論に過ぎなかったのです。その後、その実態に合わせるようにして、自らの力で開墾した土地の私有を許す「墾田永年私財法」が制定されました。法が出されて現実がそれに合わせていったというのではなく、むしろ問題は逆で、現実を追認するかたちで法が作られたと考えるのが自然だと思います。こうして、各地に在地領主を伴う荘園が生まれたのです。

荘園の誕生と「職の体系」

在地領主は自分で開墾した土地を運営しますが、それを現実に保証するのは、在地領主自身の力に他なりません。結局、他の在地領主が侵攻してきた場合、自ら武装してこれに対処しなければならないのです。とはいえ、全て自力で行うには限界があります。やがて、在地領主同士で「お互いの土地には手出しはしないようにしよう」という取り決めを相互に結ぶようになります。このような安全保障策のなかで最も効果的とされたのが、婚姻関係でした。お互いに嫁を取り、姻戚関係となることで勢力を拡大し、他の在地領主への対抗力を増していったのです。

もうひとつ、在地領主らの土地を狙っていたのが、国司の役所である国衙《こくが》です。実態としては破綻していたとはいえ、建前上の公地公民は生きていたわけですから、荘園とは結局、役所が例外的に認めている「お目こぼし」に過ぎませんでした。ですから常に国衙によって没収される危険に晒されていたのです。政治力を有する国衙に対して、在地領主は独力ではなかなか土地を守り切れるものではありません。そこで、在地領主は大きく分けて次の二つの方法で、これに対処しました。

ひとつは、自らが国衙の役人（在庁官人）になること。国衙の長である国司は、中央の上級貴族が任命されるのですが、平安時代後期にもなると、そのほとんどが自ら任地には赴きませんでした。代わりに下級の官人を「目代」として派遣し、現地からの上がりを京都に送らせるというかたちを取ります。その目代のもとで在地領主は在庁官人となり、自分の土地を守ろうとしたのです。

もうひとつが、土地の寄進という方法です。在地領主たちは、国衙に影響力を持つ中央、すなわち京都の有力貴族や寺社に土地を寄進して、保護を求めました。中央の貴族や寺社に年貢を納める代わりに、国衙に圧力をかけてもらい国司を黙らせる、というわけです。この際、土地を寄進された貴族を上司、在地領主を下司と言います。

また、この上司が力不足で国司を中心とする国衙に圧力がかけられない場合、上司はさらに地位の高い者に頼らなくてはいけなくなります。たとえば、院政期になると、国衙のトップである国司の上に国主という役職が新設されます。その国主には大納言や大臣クラスの貴族が就任し、その国の税金を懐に納めるような事態となりました。そうなると、それまでの上司たちは自分たちの力ではどうすることもできないため、さらに上位の貴族や寺社に掛け合う必要が出てくるわけです。さらに上位となると、天皇家や摂関家といった貴族社会のトップ、もしくは伊勢神宮や延暦寺といった大寺社になります。この場合、上位の保護者を本家と呼び、本家を頼る上司は領家と呼ばれました。

このように本家、領家、下司（在地領主）の三者の関係によって、荘園は生まれ、維持されていきます。本家の権利を本家職、領家の権利を領家職、下司の権利を下司職と言い、それらを総称して「職の体系」と呼びます。

「職の体系」は不安定な土地所有システム

土地所有という考え方からすると、職の体系に基づく荘園のあり方では、実は誰も独占的に土地を所有していないことになります。本家、領家、下司（在地領主）の三者が力を合わせてつながることで、土地の所有が実現されているからです。つまり、荘園という土地システムのあり方は極めて不安定だったと言えます。

また、本家や領家は結局、中央にいる存在ですから、いざというときに本当に頼りになるかどうかは定かではありません。実際に他の勢力が自分の土地に侵略してきたとき、はるか遠くの京都にいる本家や領家の人間たちは何の役にも立たないでしょう。

こうして追い詰められた在地領主たちは、やはり自分たちで土地を守るしかないと思うに至った。結局、頼りになるのは自力だけであり、自ら武装し、仲間を集め、自分の土地と一族を守るしかない。こうして誕生したのが、武士だったのです。

土地が重要だった鎌倉幕府と鎌倉武士

やがて、自分たちの権利を守ってくれる、自分たちの代表者を作ることを武士たちは目指していきます。それが武家の棟梁として立った源頼朝であり、鎌倉に成立した政権は、その意味で、「武士による武士のための武士の政権」だったわけです。頼朝は在地領主である武士たちの土地を保障する。つまり、本領を安堵する。そして、功績を上げたなら公平な立場で新しい土地を分け与える。つまり、新恩給与です。本領安堵と新恩給与という「御恩」に報いるために、武士たちは命を尽くして戦場で戦います。これが「奉公」です。武家の棟梁である源頼朝と御恩・奉公の関係で結ばれた武士は、御家人と呼ばれました。

商業経済の発展

頼朝と御家人の主従関係は、その成り立ちからもわかるように土地が重視されています。それゆえ、平清盛が行ったような貿易や商業については関心を示しませんでした。西国では北九州における中国や朝鮮半島との交流から瀬戸内海ルートを使った物流により、貿易が盛んとなり、その延長として商業の発展を見ました。頼朝の死後、大量の銭が輸入され、やがて貨幣経済が発展していきます。不動産である土地を重視した武士たちのなかにも、やがて貨幣経済が浸透していき、その結果、貨幣を得るため、土地を売る者も出てくることになります。

また、二度による元寇（蒙古襲来）を受けた鎌倉幕府は、防備に当たった御家人たちに新たな土地を恩賞として与える新恩給与もできませんでした。恩賞を与えるには新たな土地を獲得しなければなりませんが、元寇の場合、モンゴル軍が攻めてくるのを防ぐための戦いです。この戦いでは新しい土地を手にすることができませんでした。結果、困窮した武士たちが土地を手放さざるを得なくなっていきます。こうして、御恩と奉公の関係は大きく揺らぐこととなったのです。

御家人の領地の総和が幕府の財産にあたるわけですから、武士たちがその土地を手放すとなると、幕府の財政にとっては大きな問題になります。そこで、土地をみだりに売ることを禁じますが後を絶たなかったため、いわゆる徳政令が出されることになりました。御家人以外の者に土地を売っても、その土地を無償で取り返せるようにしたわけです。いずれにせよ、武士たちが拠って立つ基盤は土地所有であることに変わりありません。

徳政令は御家人を守ることには有効でしたが、当然ながら御家人以外の武士や庶民たちの支持は得られません。こうして、鎌倉幕府は崩壊の道を辿りました。

自国の領地を守る戦国大名の誕生

足利尊氏によって開かれた室町幕府は、鎌倉から京都に政権の拠点を移しました。商業経済の重要さも見据えてのことだったと考えられます。三代将軍の足利義満は、日明貿易を推し進めていきますが、少なくとも室町時代を通じても、土地所有が武士の基盤であることには変わりありませんでした。瀬戸内海の覇権を争う細川氏と山名氏の対立が拡大し、応仁の乱へと発展していきます。四国地方を拠点とする細川氏のグループと、中国地方を拠点とする山名氏のグループの戦いは、一一年間にわたって続き、その結果、室町幕府にはすでに戦乱を収める力がないことを露呈させたのです。

京都の室町幕府の影響力から外れた土地の守護大名たちは、任国を自らの領国として戦国大名へと成長していきます。ここから武田氏やのちの上杉氏、今川氏などが出てくるのです。

「職の体系」から「一職支配」へ

前置きが長くなりましたが、こうした戦国大名たちは、幕府の統治力に頼ることができない以上、独力で自国の防衛と統治を行わなければなりません。ですから、戦国大名とは自分の力で自分の国を守る権力であり、それは足利将軍家や天皇家を頼りにしない存在なのです。このような戦国大名のあり方を、永原慶二先生は「大名国家」と呼びました。すなわち、ひとつひとつの戦国大名が、それぞれ国家なのだ、ということです。こうして、それまでの「職の体系」によって統治された荘園のような土地所有のあり方も大きく変わることになりました。京都の中央権力との関係が切れたことにより、本家や領家に頼ることも、税を払うこともなくなり、代わりに戦国大名が自力で国と領民を守ることになったのです。

これは土地所有のあり方からすると、一定の成熟が見られたことになります。それまでの職の体系のように、土地を守るために介在した貴族や寺社の権力がもはや必要なくなったことを意味します。

これがより明確になったのが、織田信長による「一職支配」でした。「一職」というのは職がひとつしかないということであり、本家職や領家職といった利権がなくなり、信長だけが部下に土地を与えるひとつの職として完結するような支配関係を指します。信長が柴田勝家に越前をやると言えば、越前は信長の名のもとに勝家のものとなり、誰も手を出すことはできなくなります。このような一職支配は、信長のもとで発達していき、その天下への野望を受け継いだ秀吉が、全国的に展開し、完成させました。

並の戦国大名であれば、自分の領国を守るだけに終始するところですが、次々とさまざまな土地を平定していった信長と、それを受け継いだ秀吉は、これをより「天下」、すなわち日本全国へとあまねく行き渡らせようとしたのです。

「天下布武」「麒麟」「岐阜」というキーワード

「麒麟」の「麟」の字の花押に託した思い

また、信長が「天下＝日本全体」だと考えていた根拠は、彼が使っていた花押《かおう》にも見て取ることができます。花押とは当時の人々が署名の代わりに用いたサインのようなものなのですが、信長は「麒麟《きりん》」の「麟」の字を象った花押を使用していたことがわかっています。

当初、信長の花押はどんな字を崩したものか、わかっていませんでしたが、私の恩師である石井進先生の、さらに師に当たる佐藤進一先生がその謎を解き明かしました。佐藤先生は幕末の幕臣・勝海舟が用いた花押を見たときに、「信長の花神に似ている」とピンと閃いたのです。勝海舟のもともとの通称は勝麟太郎と言います。

麟太郎の「麟」の字を崩して、花押に用いていたのです。ここから信長も麟という文字を用いていたのではないかと佐藤先生は目を付けました。ところが、信長の名前などには麟の字にゆかりは見られない。いったいどこから来たのか、と考えたとき、これは想像上の生き物である「麒麟」の「麟」の字を指しているのではないかと、佐藤先生は再び閃いたのです。

麒麟とは中国の故事に基づく想像上の生き物で、この世が平和に治められたときに、天の神様によって地上へと送られる霊獣と考えられていました。「天下布武」と合わせて考えたとき、この世の平和とは、日本全国を統一することだとみなすのが自然なように思えます。

豊臣秀吉に仕えた竹中半兵衛の花押は、「千年鳳《おおとり》」つまり「鳳凰《ほうおう》」、フェニックス（不死鳥）です。麒麟と同じく、世の中が平和になると現れるという、中国の故事に基づく想像上の生き物です。ここでも、戦争がない平和な世の中を希求する思いが込められていると考えられます。

また、信長が「麟」の花押を使い始めたのは、一三代将軍・足利義輝が三好勢や松永久通らによって殺害された後のことでした。いわば室町幕府の崩壊がほぼ確定した時点のことであり、この花押には平和な世の中を希求する思いと、それを自らが作るという決意が表れているのではないでしょうか。

「岐阜」の意味を考える

先に述べた通り、信長が美濃を平定後、井ノ口を岐阜と改名し、稲葉山城を岐阜城に改めました。この岐阜という名前は、「周の文王、岐山より起り、天下を定む」という中国の故事に由来するものです。

古代中国の王朝である周の、名君として知られた文王は、岐山から天下統一を働きかけたとされます。中国の殷代末の人物である周の文王は、孔子が「理想的な君主」として生涯、尊敬し続けた人物です。暴君で知られる殷の紂王《ちゅうおう》に仕えた文王は、本来ならば殷を倒すだけの力を有していたにもかかわらず、君主への礼を重んじ、家臣として紂王に仕え続けました。文王の後を継いだ息子の武王は、殷を滅ぼし新たな王朝を樹立したのでした。一般に文王・武王によって天子が改まり、革命が為されたということになります。

　また岐阜の「阜」の字には、小高い山、小さな山という意味があります。つまり阜＝山であるならば、「岐阜」とはそのまま「岐山」を意味していると言えるでしょう。信長が岐阜という名称を用いたのは、いわば「自分こそが、現代の文王である」と主張したことになるのです。

「天下布武」「麒麟」「岐阜」から見る信長のビジョン

「天下布武」という印判、「麒麟」という花押、「岐阜」という名称。

　この三つのキーワードから見れば、やはり織田信長が言う天下とは日本全国を指し、彼は日本をひとつの国として統一し、平和な治世を作ろうと考えていたことがわかるのではないでしょうか。

　私たち日本人は、どうしても小学校の頃から教育の過程で、日本はひとつの言語を使う、ひとつの民族が単一の国家を形成してきた、というふうに考えてしまいがちです。昔から日本という国はひとつだったとみなしがちだと言えます。

これがヨーロッパの国々であれば、地続きで互いに国境を接しており、民族の流入が頻繁で、言語も複数あり、国境線も時代ごとに変遷していきましたから、歴史を通じてずっと同じ国のかたちだったとはあまり考えないでしょう。しかし、日本は大陸から海で隔てられた島国であり、東アジアの秩序、つまり中国を中心とした政治秩序から一歩遠いところにありました。そのため、有史以来、完全な植民地となることなく、つい島国としての統一感を、昔から日本列島に住む人間は共有していたと考えてしまいがちです。

詳しくは本書の終章である第五章で改めて検討したいと思いますが、実際には日本列島の中心は京都を中心とする西国であり、関東地方や東北地方が「日本」に最初から組み込まれていたとは言い難いのです。たとえば、織田信長が本能寺の変で討たれ、その後を引き継いで政権を樹立した豊臣秀吉の時代ですら、東北地方は全く開発が進んでいなかったと言えるでしょう。

古くは中央集権化を図り、律令国家へと日本をかたちづくった天武天皇の頃、全国に六六カ国が置かれるわけですが、これにしても日本全国がきちんと統一されたわけではありません。東北はというと、太平洋側に陸奥国、日本海側に出羽国と二カ国が置かれただけです。陸奥は今で言えば青森県、岩手県、宮崎県、福島県の四県に当たり、出羽は秋田県と山形県の二県に当たります。現代の地方行政からすれば、東北に二カ国しか行政区を置かなかったというのはあまりにも大雑把すぎるでしょう。東北の方々には申し訳ないのですが、やはり日本の東側が、日本全体にきちんと組み込まれるようになるのは、ずっと後のことだったと言えます。

このように考えると、日本をひとつに統一しようと発想すること自体が、戦国時代の当時においても極めて稀有なことなのです。さらに戦国大名にとっては自分の領地を守ることで基本的には手一杯なわけです。そうした一般的な戦国大名の目には、むしろ自分の領地を拡大していくことに熱心な信長はやはり、異能の存在に映ったことでしょう。

先述したように、領地を拡大して自領が増えれば増えるほど自軍を強化できると信長は考えていた。富国強兵を是とし、その圧倒的な武力で、日本を統一しようと考えた。これが信長の「天下布武」だったのだろうと思います。

織田信長の経済力と軍事力

最初の本拠地・尾張の地政学的意味

そもそも戦国時代において、当初は尾張一国のいち戦国大名に過ぎなかった信長が、日本全国をひとつにしようと考えたのは、いったいどこまで本気だったと言えるのでしょうか。「天下布武」というビジョンを掲げたとはいえ、実が伴わなければ、それを実行に移すことはできません。絵に描いた餅に過ぎないわけです。信長は果たして何を根拠に、「天下布武」とは実行に移せるビジョンだと判断できたのでしょうか。逆に言えば、なぜ、信長だけが領土を拡張する路線を取ることができたのでしょうか。

注目したいのは、信長の最初の本拠地である尾張が非常に肥沃な土地柄だったということです。

当時、尾張は小高い丘は小牧山くらいでそのほとんどは平野でした。そのため田畑の耕作に適しており、十分な米が取れた。面積はさほど広くないのに、だいたい五七～六〇万石の米が取れる、非常に生産性の高い土地だったのです。第一章でも述べた通り、四〇万石で一万人の兵力とすると、換算して尾張六〇万石でだいたい一万五〇〇〇の兵を編成することができます。この兵力でもって、信長は隣の美濃へと侵攻し、これを自分のものにすることができました。美濃もまた豊かな国でこれも六〇万石くらいの国です。

この二カ国を支配下に置いた時点で、信長は一二〇万石もの経済力を有する戦国大名になっていたのです。また、次に信長は北伊勢に侵攻し、これも支配下に置きました。伊勢全体でおよそ六〇万石と言われていますから、その北半分でだいたい三〇万石ほどの石高があったと考えられます。

尾張、美濃、北伊勢を合わせて一五〇万石。兵力で考えると、およそ四万の数を動かせるということになりますが、当時、これだけの軍勢を動かすことができた戦国大名は信長の他にありませんでした。

たとえば武田信玄の場合、生涯の本拠地となった甲斐はというと、わずか二〇万石です。その後、二〇年の歳月をかけて隣国の信濃を支配下に置きますが、領地面積こそ広かったものの山岳地帯が多く、石高は四〇万石程度。つまり名将として知られる信玄は、甲斐と信濃の二カ国を合わせても六〇万石程度しかなかったのです。兵力に換算すれば、およそ一万五〇〇〇。頑張っても二万が限度だったでしょう。

これに対して、信長は尾張を平定した二〇代後半の時点で、六〇万石の戦国大名となっていました。信長が天下人を目指すことができたのは、もちろん、信長自身の才覚もありますが、その才能を実行に移せるだけの、経済基盤を早くから有していたことが非常に大きかったと言えます。

言い換えるなら、尾張という肥沃な土地に生まれ、これを平定したことが大きかったわけです。これが石高の低い貧しい国に生まれて、「天下布武」というビジョンを掲げたとしても、それこそ描いた餅に過ぎず、兵は集まらず、すぐに攻め滅ぼされてしまったことでしょう。信長が尾張に生まれたこと自体も運がよかったのかもしれませんが、その後の天下人である豊臣秀吉、徳川家康も尾張を含む東海地方の人間たちだったことを考えると、やはり太平洋側の温暖な気候で米が取れるという、肥沃な東海地方の地政学的な位置だったことも、大きかったのだろうと思います。

その後、信長は三〇代半ばで四万の軍勢を動かすことができる一五〇万石の戦国大名へと成長したわけですが、二〇年かけて、四〇歳の頃にようやく六〇万石の領地を有した信玄に比べると、信長がどれほどのスピード感で強大な力を得ることができたのかがよくわかると思います。

そもそも「天下布武」という言葉を信長が使い始めたのは、尾張と美濃の二カ国を手中に収めた頃のことです。信長がその勢いで、「天下布武」すなわち「日本全国を統一する」というビジョンを掲げたとしても、それは決して絵空事とは思えないのです。

才能がある人間を抜擢し採用

前章で越前の朝倉氏について触れましたが、もともと、この朝倉氏は応仁の乱に乗じて越前を奪い取るという下克上の先駆けを為し、一乗谷で五代一〇〇年の栄華を誇った、いわば戦国大名の草分け的な存在です。その朝倉の初代・敏景は、「朝倉敏景十七カ条」というものを残しています。「朝倉家の重臣だからといって、その子がそのまま同じような重い立場に就くことができるとは思うな」「占いで作戦を決めるようなことはするな」というように、いずれも、合理的な内容であることが窺えます。さすが主君を追い落とし、自分の実力で越前の国を奪っただけのことはあり、敏景はなかなかに合理的な思考の持ち主だったと考えられます。

その「十七カ条」には、「内政については他国の者を登用してはならない」というような言葉が出てきます。越前は越前の人間だけで運営していくべきであり、他国の人間は信用してはならない、内政に関しては特に信用するなと言っているわけです。

現代の私たちにとって「国」というと、この日本全体を意味し、「自分たちは日本人だ」という意識を持っていると思います。しかし、戦国時代の頃は、「俺たちは越前人だ」とか「俺たちは越後人だ」というようなまとまりで人々は生きていました。

だからこそ、越前の政治は越前の人間だけで行い、他国の人間は使わないという方針を採用していたのです。これは越前の朝倉に限らず、多くの戦国大名にとって常識的な発想でした。

信長が異例だったのは、こうした原則にとらわれずに、できると認めた才能ある人材を抜擢したことにあります。そもそも武士の出ではなかった農民出身の秀吉を登用し、どこの馬の骨かよくわからない滝川一益を起用するなど、いずれも抜擢人事と言えます。

このように、才能がある者はどんどん使っていくというのが織田家臣団の特徴と言えます。明智光秀にしても、織田家に転がり込むまでは何をやっていたのかはほとんど定かではない人物です。先述したように、そんな光秀に、比叡山焼き討ち後、信長は坂本城を与えました。織田家臣団のなかで城持ち大名のようなかたちで、城を与えられたのは光秀が初めてでした。歴代の家来ではなく、どこの馬の骨かわからない光秀が、坂本城をもらったわけです。

一方で父・織田信秀の代からの家臣で、筆頭家老でもあった林秀貞などは使えないとみるや、いきなり織田家臣団から追放したりもしているのです。

生涯、裏切られ続けた信長

このような抜擢人事はどうしても波風が立つものです。越前なら越前、尾張なら尾張というような国内の地縁・血縁でまとまるならば、能力による競争もなく、ずば抜けた人材はいなくとも、まとまりのある家臣団として安定していたでしょう。

歌川国芳画『太平記英雄伝』より「廿七 荒儀摂津守村重」

ところが、どこの馬の骨かわからないけれども才能はある、そんな人材を抜擢するということは、家臣同士の競争をけしかけることになります。その結果、やっかみを抱いたり、抜擢人事に不服を持ったりする者も出てくる。だからこそ、信長は家臣や同盟者に裏切られることがしばしばでした。

妹のお市の方を嫁がせて同盟を結んだ浅井長政に裏切られ、主君殺しの風評があった松永久秀には、風評は目をつぶって雇い入れたにもかかわらず、二度も裏切られています。

また、摂津の国持ち大名に抜擢した荒木村重にも裏切られています。荒木の場合、自分が任命されると思っていた対中国地方、対毛利方面軍司令官に秀吉が任ぜられたことを不服とし裏切りました。才能重視の織田家臣団ならではの理由です。

挙げ句の果てには、京都周辺の統治を一任していた近畿方面軍の司令官だった明智光秀に信長は裏切られ、本能寺の変で討たれてしまうのです。

本能寺の変については、信長は油断していたとしばしば言われますが、先にも述べたように、光秀は近畿方面軍司令官ですから、いわば信長の親衛隊長のようなものです。それすら信用できないとなると、もはや打つ手はないでしょう。

逆に言えば、これが才能を重視して登用、人材の抜擢を行うことで大きな領土を手にすることができた織田家臣団の欠点だったのです。地元の地縁・血縁の家来で固めていれば、裏切りはなかったかもしれませんが、信長は尾張一国を統治する普通の戦国大名に終わったかもしれません。

ですから、たとえ光秀にやられなかったとしても、信長は早晩、家臣に裏切られどこかで殺されていたでしょう。

富国強兵策を徹底した信長

前章では、信長にとって上洛するということは、経済の中心である京都、そして堺を押さえることを意味していたのではないかと述べました。このように信長は経済、とりわけ商業経済を重視するタイプの戦国大名だったと言えます。

もちろん、戦国時代において領国経営を行う戦国大名たちは、さまざまな経済振興策を講じています。自由な商取引を奨励した市場や町では、「市座」と呼ばれる販売座席や税を設けない「楽市」などが置かれ、戦国大名たちは楽市令を出すなど、商業経済の促進を図り、国力を強めていきました。

信長もいわゆる「楽市楽座」などの商業経済策をうまく利用し、かつ京都や堺といった商業経済の中心地を押さえることで、莫大な利益を手にすることができたわ

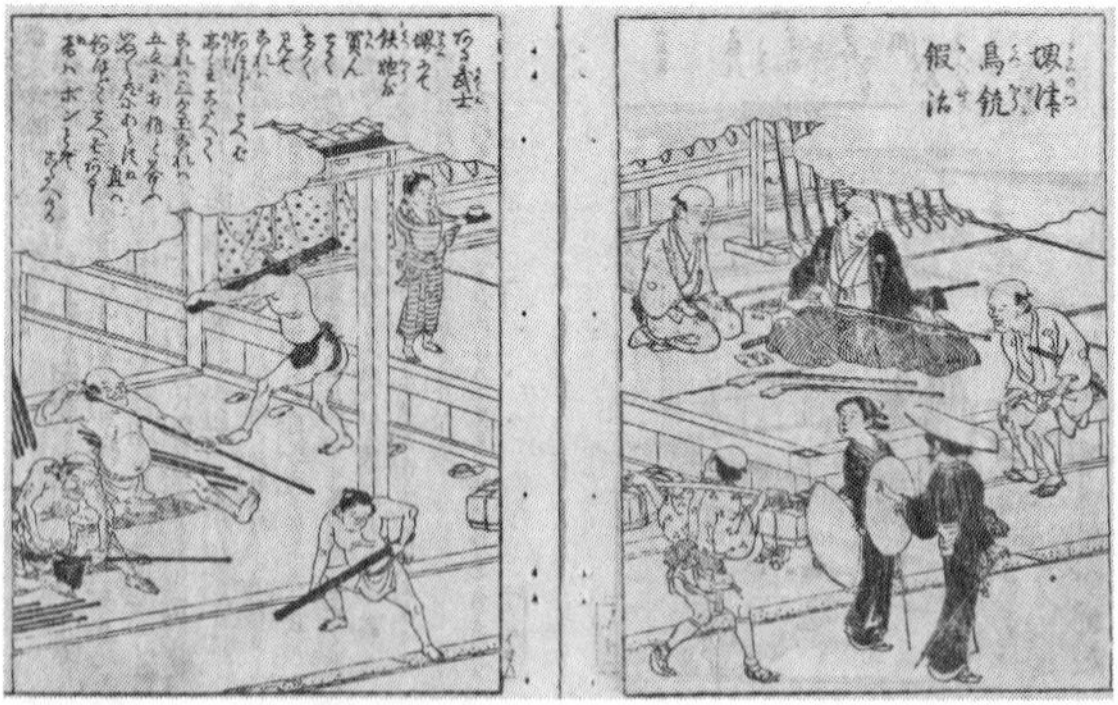

『和泉名所図会』より堺の鉄砲鍛冶の様子

けです。そうした経済を重視する方針は、そのまま軍備へと跳ね返ってくることになります。

信長というと、いち早く大量の鉄砲を用いて鉄砲隊を編成し、戦に活用したことでも知られますが、堺には優れた鉄砲鍛冶もいましたから、商業とともにこうした軍事的な理由も含めて、上洛したことは間違いないでしょう。

つまり、信長は商業経済を重視することで、富国強兵を進めていくこととなります。こうした豊富な経済的基盤によって、信長は「天下布武」、すなわち日本全国を統一するための武力＝軍事力を作っていったのです。

織田信長は発想の天才

織田信長はスティーブ・ジョブズ!?

信長が戦国時代において「天下布武」というビジョンを初めて打ち出したという意味でも、非常に稀有な「天才」だったと本章では述べてきました。とはいえ、信長が行った多くのことが、何もかも一から考えて生み出したオリジナルなものだとは、当然ながら言えません。「楽市楽座」がそうであるように、他の戦国大名も行っていたことをうまく活用させ、発展させることができたからこそ、「天下布武」というビジョンを具現化することができたのだと思います。

しばしば織田信長は、アメリカのＡｐｐｌｅ社の創業者スティーブ・ジョブズに比べられることがあります。ご存じのように、マッキントッシュやｉＭａｃをはじめ、ＰＣ業界だけでなく、その後、ＰＣの性能を携帯電話に搭載したｉＰｈｏｎｅの開発など、通信業界全般に大きな「革命」をもたらした人物です。

しかし、そもそもジョブスがｉＰｈｏｎｅｓそのものを開発したかというと、そうではありません。もともと、ｉＰｈｏｎｅのようなスマートフォンの技術はＡｐｐｌｅ社が開発したものではなく、他のベンチャー会社によって開発されたものでした。その技術をＡｐｐｌｅ社が買い取り、それを「ｉＰｈｏｎｅ」というコンセプトとパッケージにまとめて売り出したのです。つまり「ｉＰｈｏｎｅ」という発想を生み出すことができたことが、ジョブズの天才と言われるゆえんだったということになります。

天下布武という天才的な発想

ジョブズの場合と同じで、やはり織田信長が天才たるゆえんというのは、やはり「天下布武」というビジョンを打ち立てることができた、その発想力だと思うのです。

企業で言うならば、織田家臣団が進むべき道を「天下布武」という、非常にわかりやすい企業理念にまとめて示したということ。そしてそれは、この日本をひとつの国として考えるという、当時としては大変に大きな理想を描いたところに、信長の天才性があると言えるでしょう。

日本全国を武力でもって統一する。この天才的な信長の発想を受け継ぎ、また自らのさまざまなアイデアによって、これを具体的に実現させたのが、信長に仕えた家臣である豊臣秀吉でした。

私はまさに秀吉の頃に、初めて日本はひとつであるというコンセプトがかたちになったのだと考えています。第三章ではこのアイデアマン・豊臣秀吉について見ていきましょう。

第三章

アイデアマン・豊臣秀吉

中国大返しを可能にした秀吉の行軍

織田信長を継ぐ男・豊臣秀吉

前章では、武力でもって日本全国をひとつにまとめ上げるという「天下布武」というビジョンを初めて打ち出した織田信長の、「天才」たるゆえんについて述べてきました。織田家臣団は「天下布武」という未だかつてない企業理念を掲げた、ある種のベンチャー企業だったと言えます。

ベンチャー精神を持って行動する個人や企業などを「ファーストペンギン」と呼びますが、これは、しばしばペンギンの、最初に行動を起こした一羽に、そのほかの群れのペンギンたちも倣って行動するという習性に由来する言葉です。

つまり、信長は最初に「天下布武」を掲げた最初の一羽、ファーストペンギンだったのです。これに続いたのが、豊臣秀吉であり、徳川家康でした。

ファーストペンギンたる信長は、その事業の完成まであと一歩というところで、部下の明智光秀に討たれて亡くなってしまいます。信長は天下統一の完成を見ることはありませんでしたが、これに続いた豊臣秀吉が見事にこれを完成させます。

秀吉は、「天下布武」というビジョンを信長から受け継ぎましたが、ただの信長の模倣者だったというわけではありません。才能重視の織田家臣団のなかで出世し、いち早く信長の敵である明智光秀を討ち、後継者レースを勝ち抜いて織田家から天下を奪うと、秀吉は持ち前のアイデアでさまざまな施策を講じます。太閤検地により信長の頃にその萌芽が見られた「一職支配」を確立させたことで土地の重複支配がなくなり、刀狩りによって兵農分離がなされることになりました。これは荘園と職の体系に基づく中世の完全なる終焉と言えるでしょう。まさに秀吉が近世への扉を開いたと言えます。そういう意味では、秀吉は戦国大名のなかでも、類稀なアイデアマンだったと思います。

信長の業績を受け継ぎ、かつ独自のアイデアで発展させた、天下人・豊臣秀吉。

本章では、この稀代のアイデアマンである秀吉について、詳しく見ていきたいと思います。

謎に包まれた半生

豊臣秀吉の半生は現在の研究でも、正確なところはわかっていないと言えます。尾張中村の農民・弥右衛門の子として生を受け、今川氏の武将である松下嘉兵衛に仕えたのち、織田信長に仕えたとされていますが、定かではありません。出自に関しては諸説あり、江戸時代に土屋知貞が筆録した『太閤素生記』では、八歳で父・弥右衛門を亡くし、残された遺産である一貫文で、針を購入してこれを売り歩きながら東へと流れ、浜松近辺で今川氏配下の武将・飯尾氏の家臣・松下嘉兵衛に仕えたとされています。

私の恩師である石井進先生は、市場で売られた針は「河原の者」が拾い取っていたものであるという別の史料の記述を参照しながら、当時の針売りとは差別を受ける階層のひとつだったのではないかと推測しています。秀吉がいた東海地方ではどうだったのかは明らかにされていませんが、その可能性もあったでしょう。

今日の日本史の教科書には、「尾張に生まれた秀吉は、信長に仕えてしだいに才能を発揮し、信長の有力家臣に出世した」(『改訂版　詳説日本史B』山川出版社)とありますが、秀吉が織田家に仕え、信長に功績が認められ、貧しい農民の子から戦国大名へと駆け上がっていったのは事実です。

特に、本能寺の変で織田信長が討たれた後、中国地方の毛利氏を攻めていた秀吉はいち早く畿内へと兵を戻し、主君の仇である明智光秀を倒しました。織田家臣団における信長の継承者争いで一歩リードしたことになります。ここに秀吉の軍勢のひとつの特徴があったと言えます。つまり、兵の機動力というものです。

足で勝利した秀吉の兵

先に述べたように、秀吉は武家とは違い、貧しい農民の出と言われています。いわゆる『孫子』などの兵法や軍略というものを書物や学問として学んだ人間ではありません。織田信長に付き従いながら、叩き上げで経験を積み、自分なりの軍事を学んでいきました。

ですから、たとえば戦国のシミュレーションゲームにあるような「鶴翼の陣」だとか、「魚鱗の陣」だとかいうような机上の戦陣や戦法を用いたりしていたわけではありません。秀吉のそれはもっと泥臭いもので、とにかく、いかに兵を歩かせ、動かすかということでした。秀吉は常に、とにかく兵を歩かせ、走らせ、どれだけ広範囲に短時間で動けるかという、その機動力でもって勝機を掴んできたのです。おそらく、それは机上の兵法では見出し得ない、叩き上げの秀吉だからできたものだったのだろうと思います。

たとえば、本能寺の変で織田信長が明智光秀に討たれたとき、秀吉は中国の毛利氏を攻略する最中でした。毛利の備中高松城を秀吉は二万の軍勢で囲んでいましたが、信長が討たれたという一報を受けると、すぐさま二万の兵を畿内へと移動させます。これが有名な「中国大返し」です。

この二万の兵というのは、いわゆるその全てがプロの軍人というわけではありません。名古屋大学名誉教授の三鬼清一郎先生の研究によれば、秀吉の軍役はかなり厳しく、朝鮮出兵の際には、九州の大名に対して、一〇〇石あたり五人、中国・四国の大名に対しては一〇〇石に四人の軍役を課していたそうです。肥後の加藤清正の場合、二〇万石の戦国大名でしたから、朝鮮出兵の際には一万人の軍勢を率いて、海を渡らなければなりませんでした。先述した「四〇万石で一万人」という原則から算出すると、本来ならば、二〇万石で五〇〇〇の兵が限度のはずです。そこを二倍の軍役を課しているのです。

その後、時代が降って江戸時代になると、幕府は諸大名に対し軍役を課します。いざ有事の際は石高に応じて、これだけの兵を連れてこいと取り決めていました。江戸時代初期、つまり二代将軍・徳川秀忠の頃にはすでにこの軍役は多少ゆるくなっていました。それによると、一万石の領地を持っている者は、鉄砲隊二〇人、槍隊五〇人、弓隊一〇人、騎馬隊一四人、旗持ち三人、合計で約一〇〇人の兵隊を戦場へと引き連れて行かなければなりませんでした。これは「四〇万石で一万人」という計算式からするとかなり低い。単純計算して、戦国時代が終わり、江戸幕藩体制に移行していく時期には、軍役は半分以下となっていたことになります。

江戸初期の一万石で一〇〇人というのは、大名に仕えるいわば正規雇用者であり、全て武士階級の者たちが軍役に就いたと思われます。つまり、プロの軍人たちです。命懸けで戦うことが前提となる人たちであり、おそらく武士だけでそれくらいの人数は用意できたのだろうと考えられるわけです。

秀吉が定めた軍役の基準では、加藤清正の「二〇万石で一万人」を例に考えると、つまり「一万石で五〇〇人」ですから、江戸初期の「一万石で一〇〇人」の五倍の数になります。その差は四〇〇人。一〇〇人は正規雇用の武士で賄えるとして、残りの四〇〇人は武士では足らないので、武士以外の非正規雇用の兵が必要になります。普段は田畑を耕しているような農民を、足軽として軍役に就かせなければならなくなるのです。

そうなると、中国攻めの際、毛利の備中高松城を囲んでいた秀吉の二万の軍勢の、少なくとも四分の三は、普段は百姓仕事をしているような農民兵だったことになります。普段から軍役を自分の仕事としている武士ならば、命のやりとりをする戦場からおいそれと逃げることはないと思われますが、農民たちは違います。彼らは基本的に戦いに対してはやる気がなく、士気は低い。勝敗が完全に決しなくとも、「負けそうだな」という雰囲気が部隊に広がれば、すぐに指揮系統はズタズタに崩れて、逃散してしまうのです。誰だって死にたくないわけですから、よほど兵のやる気を高め、士気を上げなければ、合戦における死の恐怖を克服することは難しいでしょう。

ここが秀吉の見事なところですが、彼自身が貧しい農民の出だからか、こうした農民兵の士気を高めることに非常に心を砕いたであろうことが、「中国大返し」の例からもよくわかります。

中国攻めの最中に信長の横死を知った秀吉は、備中高松城から一〇日で二〇〇キロメートルもの行軍を行い、明智光秀と天王山で衝突して勝利しました。秀吉の行軍があまりにも速かったために、光秀の計略が狂い、「三日天下」に終わってしまうわけです。

近代の軍隊でも一日の行軍は二〇キロメートル程度が限度と言われていますから、実に異例のことだったことがわかります。先述したように、重い鎧《よろい》を着けた二万の兵の多くは、戦いが生活の糧になっているような武士ではなく、普段は野良仕事などを行っているような足軽身分の者たちです。この二万の兵のほとんどが逃散することなく、一〇日で二〇〇キロの行軍を成し遂げたのでした。いかに、秀吉が農民である足軽たちの士気が下がらないように心を砕いたかを察することができるエピソードです。

その行軍がどのようなものだったのか、なぜそんなスピードで畿内へと戻り、すぐに明智光秀と戦をすることができたのか、その詳しいことは未だによくわかっていません。あまりにも速すぎる行軍のために、実は、事前に秀吉は信長が光秀に殺されることを知っていて、あらかじめ準備していたのではないかとか、秀吉が信長殺しの黒幕だったというような陰謀論が今日まで言われ続けています。しかし、さすがにそのような陰謀論はあり得ない。ここは素直に、秀吉の兵隊を動かす力、その機動力を高く評価すべきだと思います。

戦いを変えた秀吉の野戦築城

戦を土木工事に変えた秀吉

歩兵の機動力に並んで、秀吉の軍事力のもうひとつの特徴は、織田信長から継承した野戦築城でした。

鎌倉時代の中頃に起きた二度の元寇では、海の向こうからやってくるモンゴルの兵に対して、鎌倉武士は石を積んで防塁を築きました。現在、その一部が復元されていますが、高さはほとんど平均的な成人男性の身長くらいです。これといった工夫があるわけでもない、ただの壁です。「本当にこんなので大丈夫なの」と心配になるくらいシンプルなものです。ところが、時代が降って戦国時代の頃の戦場になると、それはもっと手の込んだものとなります。

「歩兵は歩くのが商売」という言葉がありますが、秀吉の軍勢に見られるようにいち早く戦場へと辿り着くと、歩兵は瞬時に土木作業員に早変わりし、土を削って即席の堀を造り、削った土を積み上げ防塁を造り、自分たちの身を守るための陣地づくりを行います。

そもそも、この野戦築城を得意としたのが、織田信長でした。これが大々的に行われるようになったのは、織田信長・徳川家康の連合軍と武田信玄の後を継いだ武田勝頼が率いる武田軍が衝突した長篠の戦いだったと思います。信長は行軍の際、歩兵たちに棒などの木材を持たせて戦場入りすると、馬防柵を作り、武田軍が誇る騎馬隊の攻撃に備えました。戦場に自軍にとって有利な陣地を築き戦ったわけです。

しばしば長篠の戦いでは、信長は三〇〇〇挺もの鉄砲を用いて、それを三段構えにして馬防柵の向こうから交代で絶え間なく射撃を繰り返し、武田の騎馬隊を退けたと言われています。実際に三〇〇〇挺の鉄砲による三段構えの銃撃が行われたのか、定かではありませんが、大切なポイントはそこではありません。そのような作戦を可能とするような陣地づくり、すなわち野戦築城を行ったことなのです。

秀吉は信長の野戦築城を引き継ぎ、大々的に展開したのです。秀吉がアイデアマンたるゆえんは、野戦築城によって戦いの根本を変えてしまったところにある、と言えるでしょう。信長の野戦築城を発展させるかたちで、秀吉は城攻めのあり方をほとんど土木工事に変えてしまいました。

城攻めには籠城している敵軍の三倍ないしは五倍の兵力を必要とすると言われています。逆に言えば、兵数が少なくとも城に籠もって守りを固めれば、三倍ないし五倍の兵力となるというわけです。

秀吉はかつて、三木城や鳥取城を攻略する際、敵の兵糧ルートを攻撃し、籠城する敵軍への食糧搬入を阻止しました。さらには商人を送り込み、近辺の農家から米を買い占めて、補給路を完全に断ち、籠城する敵を飢餓状態にしてじわじわと弱らせていったのです。「三木の干し殺し」「鳥取の干し殺し」とも呼ばれたこれらの作戦は、兵站を重視した秀吉の優れたアイデア力だったと言えます。

備中高松城を攻める際にも、秀吉は二万の軍勢で囲み、補給ルートを断つことで、この「干し殺し」を行おうと動きます。このとき秀吉は、土塁を築き、さらに川の水を注ぎ込みました。そうして城を水のなかに孤立させてしまうという大掛かりな作戦を行っています。まさに城攻めを土木工事に変えてしまったわけです。この他にも秀吉は、歩兵たちに空堀を掘らせて、出た土で土塁を築き、城郭化することで、戦場に自分にとって有利な陣地を造るなど、まさに土木工事で戦のあり方を変えたとも言えます。

こうした土木技術や兵站《へいたん》能力などを駆使しながら、秀吉は実に効果的に戦いました。しばしば戦国時代において信長が戦いのあり方を変えたと称されますが、さらにそれを発展させたのが、秀吉だったと言えるでしょう。

歩兵を活用しその優れた機動力で勝機を掴む。そして、戦場では土木工事によって自分に有利な城郭化した陣地を造り、守りを固め、戦を優位に運んでいく。この兵の機動力と野戦築城が遺憾無く活かされたのが、織田家臣団のなかでの信長の後継者争いとなった柴田勝家との戦い、すなわち賤ケ岳《しずがたけ》の戦いでした。

賤ケ岳の戦い

織田信長の死後、その権力の後継者争いが巻き起こることになりました。織田家の世継ぎ問題と同時に、織田家臣団内の勢力争いも激化していきます。いち早く主君の仇である明智光秀を討った秀吉は、本能寺の変で亡くなった織田信忠の子・三法師を担ぎ出し、一五八二（天正一〇）年六月に開かれた清洲会議で、織田家の後継者に据えました。信長が本能寺の変で討たれた時点で、実は織田家の家督はすでに息子の織田信忠に受け継がれていたのです。いわば信長は織田家の「大御所」的な存在として権力を振るっていたのでした。

当時、織田家第一の家老といえば、北陸方面軍の司令官である越前の柴田勝家でした。勝家は織田家の三男で、清洲会議では後継者になり損ねた織田信孝に仕えるかたちで、秀吉の軍勢と衝突することになります。一五八三（天正一一）年三月に勃発した、いわゆる賤ケ岳の戦いです。

柴田勝家は現在の福井に当たる北ノ庄を本拠にしており、雪深い地方のため京都方面に兵を出すことが難しく、結果、秀吉に軍備を整える十分な時間を与えてしまいました。その後、琵琶湖の北に位置する賤ケ岳にまで両者ともに行軍し、対峙します。

天下人を目指す秀吉の軍勢はおよそ五万。これに対峙する柴田勝家は三万の軍勢を率いていました。秀吉が信長の野戦築城を受け継いだように、織田家第一の家老である勝家も、当然ながら同じ戦術を心得ています。両者は睨み合いながら、部隊ごとに陣地を構え、敵の突撃を防ぐための堀を造り、出た土をそのまま積み上げて防塁を築きました。こうして、賤ケ岳一帯には両軍による城が続々と築かれたのです。先述したように、城を攻める際には守り手の三〜五倍の兵力を要すると言われますから、こうなると、両軍とも下手に手出しはできません。攻城戦というのは、たとえ即席の防御陣地だったとはいえ、やはり守る側が圧倒的に有利になります。敵に攻めさせてこれを叩くというのが必勝の作戦、ということになるわけです。

こう着状態が続くなか、先に動いたのは秀吉でした。四月一七日、秀吉はいったん戦場を離脱すると、賤ケ岳から米原方面へと南下し、美濃へと向かいました。そして大垣城へと移り、岐阜城にいた織田信孝を牽制します。柴田勝家陣営の盟主である織田信孝は、織田家の後継者にはなり損ねたものの、かつて織田家の本拠だったことのある美濃の領有を認められていたのです。

当然ながら、秀吉が戦場である賤ケ岳を離れたという情報は、勝家の耳にも届いていました。四月一九日、柴田軍の佐久間盛政が、秀吉本隊の不在を察知し、好機とばかりに留守部隊へ攻撃を開始しました。秀吉側の陣地である大岩山砦を守っていた、摂津の茨木城城主・中川清秀を討ち取り、秀吉側のいくつかの陣地を陥落させます。勝家は佐久間勢に深追いをせぬよう、一度、撤退を命じましたが、勝ちに乗じる盛政はこの命令を無視しました。

これをすかさず察知した秀吉は、二〇日に美濃の大垣で佐久間隊の攻撃の報を聞くと、直ちに本隊を取って返したのです。そして深追いをする佐久間隊につけ込むようにして、反撃を加えました。美濃の大垣から賤ケ岳までの距離はおよそ五〇キロメートル。これをわずか、五時間で秀吉の軍勢は走破したことになります。

この場合、歩兵の進軍速度は時速一〇キロメートルになりますから、大変なスピードです。大垣を出たのが四月二〇日の午後二時頃だとされています。そして秀吉の本体が佐久間勢に攻撃を仕掛けたのが、翌日の二一日未明のことです。実際にはもう少し時間がかかったのかもしれませんが、ただ移動するだけでなく、すぐに佐久間勢と交戦状態に入っているわけですから、尋常ではありません。とにかく、動いて、動いて、勝機を掴むというのは、明智光秀を討った際の「中国大返し」と全く同じです。しかも美濃から取って返して、すぐに戦闘に突入したスピードは、「中国大返し」よりも速かったのです。

その後、羽柴陣営に味方した丹羽長秀の活躍、柴田陣営に与した前田利家の離脱などもあって佐久間の軍勢は潰走《かいそう》。佐久間盛政の敗北は、柴田陣営全体に波及し、柴田勝家の本隊も敗走することとなります。こうして、勝家は妻で信長の妹であるお市の方とともに、越前・北ノ庄城で自害しました。

つまり、秀吉はわざと賤ケ岳に空白を作り、柴田勢を誘《おび》き出したわけです。そして持ち前の行軍の速さでもって、これを制してしまった。まさに秀吉の野戦築城の妙と兵の機動力が合わさり、柴田勢に優《まさ》ったのでした。

秀吉の凄さは、ただ単に行軍のスピードが速いということではありません。タイミングを一歩間違えれば、賤ケ岳にいた留守部隊が全滅していた可能性もあります。そうした好機を逃さない、行き届いた指揮命令系統を構築していたことも大きかったでしょう。また、類稀なるスピードの行軍の後、すぐ戦闘に突入できるところも、秀吉軍の強さでした。秀吉は、行軍する兵にきちんと補給を行っていたのです。特に賤ケ岳の場合、「中国大返し」に勝るほどの行軍スピードで一日中走り続けたわけですから、戦場に着いたとき、疲労のあまりに使い物にならないのでは何の意味もありません。素早く行軍するのは、戦場で戦うためだからです。

そこで秀吉は、行軍経路の各所に炊き出しを準備させて、兵たちに十分な栄養補給を行い、賤ケ岳までの道を行軍させたのです。ですから、対柴田の戦場に戻った際、秀吉の軍勢は十分に戦えるほどの気力・体力を有していたのでした。

野戦築城、柴田勢を誘い込む智略、それを可能にした機動力と兵站の準備。賤ケ岳の戦いこそ、秀吉が信長から継承した野戦築城の戦い方を、自分のアイデアでさらに改良し昇華させた、一種の戦争芸術の極みだったのだと言えるかもしれません。

小牧・長久手の戦い

ところがアイデアマンとは面白いもので、どうも同じアイデアは二回続けては使えなかったようです。たとえば、秀吉の一番の部下とも言える石田三成は、後北条氏の小田原攻めの際に、現在の埼玉県行田市に位置する忍《おし》城を攻撃しました。そのときに用いたのが、水攻めで、まさに秀吉による備中高松城の水攻めを猿真似したのです。周囲を湖に囲まれた忍城は、和田竜先生の歴史小説『のぼうの城』でも有名ですね。しかし、秀吉のようには成功せず、三成は大失敗しています。

こうした戦場でのアイデアというものは、いつでも成功するとは限りません。アイデアマン・秀吉も、同じアイデアで挑んで、敗北を喫した戦いがありました。それが同じように野戦築城と兵の機動力をもって戦った、徳川家康との小牧・長久手の戦いだったのです。

家康は本能寺の変の後、本来の領国である三河、遠江、駿河に加えて、武田領だった甲斐と信濃へ侵攻し、これを併合しました。そして、織田信孝と同様に清洲会議で後継者になり損ねた、信長の子・織田信雄を助けるというかたちで、一五八四（天正一二）年三月、秀吉と戦火を交えることとなりました。このとき、信雄は織田家の領国のうち、伊勢・伊賀・尾張を治めていました。

秀吉は織田の天下を簒奪《さんだつ》すべく、その他の後継者争いのライバルを退けるために戦いを欲していました。前年に織田信孝と柴田勝家を破ったように、この戦いで信雄と家康も屈服させるか、いっそのこと滅ぼしてしまいたいというのが本音だったのでしょう。

つまり、攻め手は秀吉、守り手は信雄と家康ということになります。当時の家康には、秀吉のように天下人になろうとするような積極的な意思はなかっただろうと私は考えています。ですから、秀吉の攻勢に対し、東海地方に広がる自領を守るというのが、家康の戦いの目的だったのだろうと思います。

秀吉は、尾張と美濃の境に位置する犬山城に入り、対する家康はかつて信長が美濃攻めのために築いた小牧山城に本陣を置きました。位置関係でいえば、秀吉の犬山城が北、家康の小牧山城が南ということになります。両軍ともに各所に砦や土塁を修築するなどして、守りを固めます。賤ケ岳の戦いと同様に野戦築城のかたちを取り、対峙しました。

先述したように、攻城戦の場合、城を攻める側は、守る側の三倍の兵力を要するとされています。先に手を出した方が不利になるのです。そのため、ここでも両軍は睨み合いが続き、こう着状態へと陥ります。

この状況を打開するべく先に動いたのは、賤ケ岳の戦いと同様、秀吉のほうでした。秀吉の甥である羽柴秀次を大将として、池田恒興、森長可、堀秀政らを含む二万もの規模の別働隊を組織したのです。実際に指揮を執ったのは織田信長の乳兄弟であり、織田家臣として秀吉とともに汗水流しながら仕えてきた池田恒興でした。池田率いる別働隊は、小牧山城の背後に回り、家康の本領である三河の岡崎を攻めるという手筈になっていたとされます。つまり、この小牧・長久手の戦いにおける別働隊は、ひそかに家康の本陣を迂回して、家康の本領に侵攻を試みる隠密部隊だったと解釈されてきました。

ただ、この別働隊はおよそ二万の大部隊です。道に沿って横に四人並びで、一メートル間隔で行軍したとしても、先頭から末尾までおよそ五キロメートルも兵が並ぶことになります。隠密行動をするにはあまりに部隊が大きすぎる。どう考えても、情報は相手方に漏れるでしょう。秀吉は先述したように中国大返しでも賤ケ岳の戦いでも、兵を巧みに操り、高速で移動することで、勝機を掴みました。これを鑑みると、小牧・長久手の戦いでも、別働隊を囮に使い、家康を小牧山城から誘き出して、そこを本隊で叩くというのが秀吉の思惑だったのではないでしょうか。

別働隊が囮だとすれば、悪くすれば全滅の可能性もある。別働隊に配置された森長可《ながよし》は本能寺で信長とともに討たれた森蘭丸の兄に当たり、豪勇の武将として知られていましたが、そんな彼がこの戦いに及んで、遺言状を用意しています。さすがの長可も戦死を覚悟せざるを得ない状況だったとするならば、やはりこの別働隊は囮だったと考えられます。

一五八四(天正一二)年四月六日夜、別働隊は三河方面に向け出発しました。しかし、家康も秀吉に負けない戦上手ですから、池田の別働隊が動き出したのをすぐに察知すると、四月九日には長久手まで進んでいたこの別働隊に、小牧山城からの追撃軍によって攻撃を仕掛けました。別働隊のなかでまともに戦えたのは堀秀政くらいで、池田恒興は嫡男の元助とともに討ち取られてしまいます。また、森蘭丸の兄・森長可も戦死し、池田隊はほとんど全滅に近いような状態で敗れてしまいました。

秀吉からしてみれば、家康は自分が撒いた餌に食い付いたわけですから、家康の軍を池田の別働隊に釘付けにしておき、その隙に本隊でもって叩こうとしたはずです。まさに賤ケ岳の戦いの再現です。

ところが、そこは家康のほうが一枚上手だったのでした。池田隊をいち早く全滅に近いかたちにまで叩くと、すぐに取って返し、軍勢を小牧山城に帰還させ、守りを固めました。さすがの秀吉にも、本隊で叩くチャンスを与えないほどだったのです。

本隊の秀吉はというと、別働隊が出発する前日に犬山と小牧山のほぼ中間に位置する楽田に進出しましたが、どうやら家康の攻撃を正確には捕捉できておらず、九日になってようやく小牧山に攻撃を開始しましたが、簡単に兵を引き上げてしまいました。その後、別働隊敗戦の報せが入り、秀吉は家康の部隊をつかまえようと動

森長可の戦死と伝わる「武蔵塚」

きましたが、時はすでに遅し。見事に家康に出し抜かれたかたちになります。

結局、持ち前の野戦築城と機動力を活かした秀吉の戦術は、小牧・長久手の戦いにおいては空振りに終わり、餌を取られる格好となりました。一〇日、家康は小牧山に、秀吉は楽田に戻り、再びこう着状態へと陥ります。

五月に入ると、秀吉は大坂へと帰還しますが、転んでもただでは起きないところが秀吉の天下人たるゆえんです。今度は家康ではなく、名目上の大将である織田信雄を攻めたのです。伊勢・伊賀の信雄領へと秀吉は侵攻すると、一一月一一日には信雄と和睦を結びました。家康の目的は信雄を援助することでしたので、徳川勢も兵を引き上げ、浜松へと帰還し、こうして小牧・長久手の戦いも終結しました。戦場では家康が勝ちましたが、政治では秀吉が勝ったと言えるでしょう。

戦争とは外交の延長であると言ったのは『戦争論』で有名なカール・フォン・クラウゼヴィッツですが、まさしく軍事というのは外交、すなわち政治の延長です。軍事で勝ち目がないと思ったら、すかさず外交、すなわち政治戦に持ち込む。この切り替えが早いのも秀吉の真骨頂と言えます。

対家康工作として、軍事では埒《らち》が明かないと判断した秀吉は、政治で圧倒するべく、天皇を持ち出すことになります。それまでは関心を示さなかった官位官職に目を付け、関白に就任して、豊臣の姓を賜りました。天皇や朝廷の権威をもって家康を圧倒しようと目論んだとも考えることができるでしょう。その後、一五八六(天正一四)年一〇月末、ついに家康は上洛して、臣下の礼を取ることとなります。

信長のカリスマ統治から秀吉の天下統一へ

織田の天下と豊臣の天下の違い

もうひとつ考えたいのは、織田信長による天下と豊臣秀吉による天下の違いです。先述したように、本能寺の変で信長が明智光秀に討たれた時点で、すでに織田家の家督は息子の信忠に受け継がれていました。

京都の妙覚寺にいた信忠は、本能寺で信長が明智勢に急襲された一報を聞くと、二条新御所に移り、親王らを脱出させると自分はそのまま同地に立て籠もり、明智勢を相手に奮闘の末、敗れて自害しました。

本能寺の変が起きたとき、織田家の「大御所」的なポジションで実権を握っている信長と、その息子ですでに家督を継いでいる織田家当主の信忠のふたりが、一緒に京都にいた。光秀はこの好機を逃すまいと攻撃したのだと唱える人もいます。

つまり、その場合には、光秀は信長だけでなく、信忠も一緒に殺さなければならないと考えていたことになるわけですが、歴史に「もし」があったとして、信忠が京都から脱出して逃げおおせることができたならば、織田家の天下は揺るがなかったと言えるのでしょうか。そう唱える人もいますが、私は違うと思います。

本能寺の変の後、「中国大返し」で思いもよらないスピードで畿内へと帰還した秀吉と、光秀は山崎の戦いで対決します。その結果、光秀は敗北し、数人の家来を連れて敗走中に、小栗栖近辺で、落武者狩りの農民の竹槍にかかって突き殺されたとされています。

また、徳川家康がその生涯のなかで最も命が危なかったとされるのも、やはり本能寺の変の後でした。当時、家康は堺に滞在し、そこで本能寺の変の一報を聞きます。明智勢の包囲をかいくぐり、本領へ帰還するために、家康は伊賀越えを試みました。いわゆる有名な「神君伊賀越え」です。このとき、家康はわずか数十名の家臣しか連れていなかったとされます。そのため、光秀の場合と同様に落武者狩りに遭う危険があったのです。実際に、途中から家康と別ルートへと逃れた穴山梅雪は、落武者狩りに遭い、討ち取られています。

つまり、織田信長という人間がひとり死んでしまったことで、たちまち、世の中はアナーキーな状態になってしまったのです。それは詰まるところ、統治システムというものが、信長の天下においてはまだ未熟な状態で、しっかりと社会に根付いていなかったということになるでしょう。

豊臣秀吉が天下を取り、亡くなったのち、同じようなアナーキーな状態になったかというと、否です。豊臣政権の段階では、すでに世の中を治める統治システムがきちんと確立されていたことになります。だからこそ、秀吉が亡くなっても世が乱れ、農民が落武者狩りを行って有力者を勝手に殺すなんてことはできなくなっていたのです。それを可能にしたのは、まさに秀吉が行った太閤検地や刀狩りといった全国的な施策のおかげだったのだろうと思われます。これについては次節で詳しく見ていきましょう。

このことを考え合わせると、言い換えるならば、織田家の天下とは、本能寺の変の前までは、あくまでも信長というひとりのカリスマがいたからこそ成り立っていたのだと考えられます。信長というカリスマが死んでしまえば、全てがご破算となり、世の中はひっくり返って、アナーキーな状態になってしまったのです。ですから、本能寺の変の段階で、明智光秀はまず信長さえ討てればよかったのでしょう。たとえ、その後に信忠が生きていたとしても、海千山千の武将である光秀や秀吉に、結局はやられてしまったのだろうと思います。

信長家臣団の「強み」と「弱み」

先述したように、信長が率いた織田家臣団の強みであり、弱みなのは、才能重視の抜擢人事だったことです。信長はどこの馬の骨かわからないけれども、才能のある人間をどんどん部下に採用していきます。その結果、織田家は天下布武に足る強い軍勢を構成することができましたが、反面、生涯を通じて、何度も裏切られることになります。

同盟を組んだ浅井長政には裏切られ、松永久秀には二度も裏切られる。どこの馬の骨とも知れない荒木村重を登用したにもかかわらず、これにも裏切られる。最終的には畿内の軍司令官に据えて、ほとんど自分の親衛隊長のような扱いをした明智光秀にすら裏切られた挙句、殺されてしまっている。おそらく、たとえ光秀に裏切られなくとも、あるいは光秀の裏切りから辛くも生き残ったとしても、早晩にまた裏切られて殺されてしまったのではないかと思います。

その意味で言えば、才能重視の織田家の家臣の間での序列は、信長が死んでしまったのちは、もはやあってないようなものですが、一応は柴田勝家が第一の家老だった。二番手、三番手を秀吉と光秀が争っていたようなものです。しかし、秀吉は光秀を討ち取り、信長の後継者レースの本命に躍り出たことになります。そして先述したように賤ケ岳の戦いで、第一の家老である勝家に勝利した。ナンバー4の滝川一益も屈服させ、ナンバー5の丹羽長秀は懐柔させて早くから味方に引き入れていた。そうやってライバルを潰していき、いつの間にか、織田政権の天下は、秀吉のものになっていたということになります。

このように、秀吉はアナーキーな状況を作り、争いの火種を作って煽ることで、その状況から頭ひとつ、二つと抜け出すというような戦略で、天下人まで昇り詰めていきました。こうした秀吉のやり口をよく学び、活かしていったのが、関ヶ原の戦いの頃の徳川家康だったと言えます。

太閤検地と刀狩りが作った新時代

全国的に度量衡を一律化した「太閤検地」

秀吉は農民から成り上がった戦国大名であり、政治や経済、軍事というものを机上で学んだのではなく、実地で経験しながら身に付けていった人物であると考えられます。一反の田とは、実際にどれくらいの大きさで、いったいどれくらいの米が取れるのか、領地の土地がどれくらいの生産性を持つのか、しっかりと把握することを、戦国大名のなかでも、秀吉は非常に重視していたと思います。それ自体、秀吉の経験が成せるものだったのではないかと考えられるでしょう。

秀吉がプロの軍人である武士だけでなく、普段は百姓仕事をしている農民である足軽たちの心を掴み、士気を高めて、戦場で活かすことができたのも、やはり彼自身が農民の出であり、農民たちの考え方や何を欲しているのかをよく理解できたからなのかもしれません。それゆえに、秀吉が行った「太閤検地」と「刀狩」は、秀吉ならではの施策だったと言えるでしょう。

田畑の面積や石高を調査することを「検地」と言いますが、これは、鎌倉時代でも荘園領主が一部、行っていました。室町時代においても、たとえば高野山などは所有していた荘園で一斉に検地を行っています。戦国時代でも、柴田勝家も明智光秀もそれぞれの領地で実施していました。織田信長が検地をやったかどうかは諸説分かれていますが、秀吉も勝家も光秀も、織田家臣団の人間たちが皆やっていたところを見ると、当然ながら信長もやっていたのではないかと思われます。

つまり検地自体は、秀吉が最初に始めたわけではありません。ただ、秀吉が画期的だったのは、その検地を全国規模で、かつ同一の基準で一律に行ったということです。秀吉はそのために、国ごとに異なっていた度量衡を、全国的に統一したのです。

秀吉が定めた一升枡は「太閤枡」とも呼ばれています。こうして、土地の面積表示を新しい基準に基づき、町・段・畝・歩に統一し、枡の容量も全国で一律として、村ごとに田畑や屋敷地の面積を調査して、石高（村高）を算出し、定めていったのです。この太閤検地の結果、全国的な石高制が確立され、以降の土地制度の基礎となりました。

兵農分離政策の「刀狩」

信長の死後に世の中はアナーキーな状態となり、明智光秀も武装した農民たちによる落武者狩りに遭い、討たれたと先ほど述べました。徳川家康もまた、伊賀越えの際にこうした農民たちによって落武者狩りに遭う危険があったことも先述した通りです。

このことからわかるように、戦国時代の当時、農民は刀などの武器を所有している者が多く、落武者狩りだけでなく、土一揆や一向一揆などの際にはこうした武器が威力を発揮したのです。

いわば、当時の農民は、半分は武士で、半分は農民のような存在です。秀吉の父・弥右衛門も半農半兵の足軽身分だったと考えられますが、普段は田畑を耕し、いざ戦が始まったら、持っている槍や刀を持ち出して武装し、戦場に馳せ参じたわけです。農民のことをよく熟知していた秀吉は、こうした農民の武力を削ぎ、農業に専念させるために、一五八八（天正一六）年に刀狩令を出し、農民の武器を没収しました。

これにより、農民階層と武士階層は明確に分けられることになり、武士は城下町の屋敷地などで暮らすことになります。つまり、武士階層はある意味で、土地から切り離されていくことになります。一五九一（天正一九）年には、秀吉は人掃令《ひとばらい》というものを出しています。これは武家奉公人が町人や百姓になったり、百姓が商人や職人になったりすることを禁じたもので、その翌年には武家奉公人・町人・百姓の職業別に戸数・人数を調査する、全国的な戸口調査なども行っています。

一職支配の完成

太閤検地はいわば、従来の荘園のように、ひとつの土地に対して複数の人物の権利が重なり合う「職の体系」を整理し、重層的な支配のあり方を改めるかたちとなりました。こうした複雑な権利関係を、実際に耕作している農民の田畑と屋敷地に一本化し、検地帳に登録していくことになります。こうして、土地の権利が一本化されることで、いわば土地の「所有」という考え方に在地制をアウフヘーベン（止揚）したのです。

そして、刀狩を通じて、武士と農民は明確に分けられ、武士は土地と切り離されて給与をもらうようなかたちとなり、農民は自分の田畑の所有を保証される代わりに、自らの持分の石高に応じて、年貢などの負担を義務付けられるようになっていきました。こうして、いわゆる庄屋などが各土地のリーダーとなっていきます。

先に信長が一職支配のかたちを作り、それを全国規模で展開したのは秀吉であると述べました。秀吉については、一職支配の事例となる文書はさまざまに残されています。たとえば、浅野長政とその息子・幸長に対して秀吉は「甲斐の国を与える」という文書を作成し、与えました。それは「同国の土地も人間も産物も全てお前に与える。だから自分の力で責任を持って治めよ」ということを意味します。このような一職支配の全国化を背景に、太閤検地や刀狩が進められ、いわゆる中世的な「職の体系」に基づく荘園のような土地制度は終焉を迎えるのです。

こうして、秀吉のもとで豊臣政権は日本全国にその力を行き渡らせ、ひとつの統治のかたちを生み出していきました。まさに天下を武でもって統一するという「天下布武」は、このとき、完成されたのだと言えるでしょう。

豊臣秀吉、晩年の謎

なぜ秀吉は朝鮮出兵を行ったのか

さまざまなアイデアを用いて、信長の「天下布武」というビジョンを受け継ぎ、実現していった秀吉ですが、その晩年にはおよそ秀吉らしからぬ失策を行っています。そのひとつが「朝鮮出兵」だったと言えるでしょう。

先述したように、朝鮮出兵には、戦国大名たちは多くの犠牲を払いました。秀吉は九州の大名に対して一〇〇石あたり五人、中国・四国の大名に対しては一〇〇石に四人の軍役を課しています。「四〇万石で一万人」という原則から算出すると、ほぼ二倍の兵を出せと強要したことになります。肥後の加藤清正は当時、ちょうど二〇万石の戦国大名で、九州の戦国大名のなかでもある種、平均的な存在でした。

通常ならば四〇万石で一万人ですから、加藤清正は五〇〇〇の兵を出せばよかったはずです。しかし、九州の大名は一〇〇石あたり五人の兵を出さなければなりませんでしたから、加藤清正は倍の一万の兵を出さなければならない。しかもその兵を引き連れて九州から海を渡り、朝鮮半島へと行かなければならない。つまり、朝鮮出兵には莫大な金がかかり、それはそのまま戦国大名たちの負担となったのです。

大きな負担を強いられるものの、見返りがあるならばまだ良いほうなのですが、結局、二度の朝鮮出兵によって、大名たちは新しい土地を得られることはありませんでした。結局、この戦争はやり損で終わったのです。

なぜ、そこまでして秀吉が、朝鮮出兵にこだわったのかは不明ですが、ともかく相当に無理な軍事行動だったことがわかります。

朝鮮出兵が豊臣政権崩壊の原因!?

豊臣政権の崩壊の原因は、後継者の秀頼がまだ幼かったからということではなく、やはり、この秀吉晩年の朝鮮出兵での失敗が尾を引いたのではないかと思われます。

秀吉の死後、豊臣政権の内部では、いわゆる武断派的な存在である加藤清正や福島正則らと、文治派とされる石田三成らといった、豊臣恩顧の武将たちの間での争いが顕在化していきます。しばしばこの石田三成に対する不満が、加藤清正や福島正則らの反発を買い、最終的に三成が兵を挙げたことで、これを討つべく関ヶ原の戦いが勃発した、とされます。

しかし、私が思うに、すでに秀吉自身が朝鮮出兵で失敗したことによって、大きな負担を背負ったにもかかわらず、何も見返りがなかった豊臣恩顧の大名たちは、すでに豊臣政権から心が離れていたのではないでしょうか。

加藤清正にしても、福島正則にしても、子飼いの家臣であり、秀吉に取り立ててもらった恩義というものは確かにあったでしょう。しかし、加藤清正にしてみれば、かなり無理をして一万の兵を出し、はるばる朝鮮にまで行って戦ったのに、何の見返りもなかったわけです。秀吉や豊臣政権に対する不満が生まれないほうがおかしいでしょう。とはいえ、恩義のある秀吉に対して直接、文句を言うわけにもいかない。そうなると、誰に不満の矛先が向かうかというと、秀吉のビジョンを共有し、それを最も忠実に具現化していた石田三成になるわけです。

これは、鎌倉幕府において、源頼朝の死後にその一番の重臣であった梶原景時が、御家人たちから弾劾され、誅殺されたこととよく似ています。おそらく、御家人たちは生前から頼朝のやり方についていけない部分もたくさんあったのだろうと思います。しかし、頼朝には引き立ててもらった御恩がある。その頼朝には直接、不満を突き付けるわけにはいかない。そうなると、御家人たちの不満の矛先は、頼朝の忠実な家臣である梶原景時に向かっていったわけです。頼朝の死後、三浦義村や和田義盛といった有力御家人六六名が景時に対する弾劾状に名を連ね、二代将軍・源頼家はこれを庇《かば》うことができず、鎌倉を追放せざるを得なくなりました。その後、景時は駿河国清見関近くで、在地の武士らに襲撃を受けて、討死しました。

石田三成の場合もそれと同じだったのだろうと思います。朝鮮出兵という大失敗を犯した秀吉に対する不満は、その死後、石田三成へと向かっていった。また、そのとき、すでに豊臣恩顧の大名たちの心は、豊臣政権から離れてしまっていた。その隙を突いて、豊臣政権から天下を奪ったのが、徳川家康だったのです。

秀吉はなぜ家康を殺さなかったのか

秀吉の死後、脅威となるのは徳川家康

このように見てくると、秀吉の晩年の謎として、なぜ朝鮮出兵を行ったのかということに加えて、どうして家康を野放しにしていたのか、という問題も浮上してきます。端的に言えば、なぜ、秀吉は自分が生きているうちに、家康を殺しておかなかったのでしょうか。

戦国の世を実力でのし上がってきたからこそ、秀吉は徳川家康という脅威をよく理解していたはずです。そもそもが、秀吉自身、主君である織田信長が本能寺の変で討たれたのち、織田家から実力で天下を奪った人間です。ですから、このまま徳川家康を残しておけば、自分が死んだ後にどうなるか、よくわかっていたのではな

いかと思うのです。

秀吉の晩年の豊臣政権はといえば、先ほども述べた朝鮮出兵の失敗があるとはいえ、秀吉自身が目をかけてきた加藤清正や福島正則、石田三成といった豊臣家恩顧の大名たちがいます。おそらく彼らは、自分の死後も豊臣政権に忠誠を尽くしてくれる。そう秀吉は考えたことでしょう。また、信長の時代に、ともに織田家の家臣として切磋琢磨した大名たち、たとえば前田利家も自分に替わって天下を取ろうなどとは考えないだろう、これもなんとかなると見越していたでしょう。

問題なのは、信長の時代に同盟関係にあった大名や敵対していた大名たちです。つまり、徳川家康や毛利氏、上杉氏といった、本来は秀吉よりも格上の存在だった大名たちです。

当時、もはや毛利や上杉は豊臣の天下を奪うような器ではありませんでした。しかし、徳川家康だけは別格です。

家康は三河、遠江、駿河、甲斐、信濃の五カ国を合わせて一三〇万〜一四〇万石の大名でしたが、秀吉の意向で関東に移され、二五〇万石に大幅に加増されています。西国が中心の当時からすれば、やはり関東は僻地ですから、徳川の力を削ぐための左遷人事だったことは間違いありません。秀吉は、家康を関東に追いやることでそれでよしと考えたのでしょうか。

ただ、家康はこれを逆手に取って、まだまだ未開拓地であった関東の領地開発と運営を行い、徐々に地力を増していきました。こうなってくると、やはり脅威は家康なのです。

秀吉自身が織田家の天下を奪ったように、家康も豊臣の天下を奪うことに躊躇《ちゅうちょ》はしないだろう。秀吉ほどの人物であれば、当然、それを見抜いたことでしょう。だからこそ、朝鮮出兵をするくらいなら、その兵力をもって、家康を討つべきだったのではないでしょうか。秀吉は、文禄の役と慶長の役の、二度にわたる出兵で、およそ二〇万人とも呼ばれる膨大な兵力を朝鮮に送り込んだと言われています。

自分の死後も豊臣政権の天下を継続させたいならば、家康が最大のライバルになったことは明らかです。朝鮮出兵に動員したそれだけの兵を関東へと差し向けていれば、さすがの家康の命脈も尽きたのではないでしょうか。

秀吉はすでに豊臣家の天下を諦めていた⁉

晩年の秀吉は、すでに自分が亡くなった後の豊臣の天下を諦めていたのかもしれません。ここからは、歴史研究とは一線を画して、私個人の想像の範疇《はんちゅう》でしかないのですが、あえて述べるならば、秀吉はまだ幼い息子の秀頼が、自分の死後に天下人の座からすべり落ちるのはもはや仕方がないと考えていたのではないでしょうか。

秀吉は信長嫡流の孫である三法師、のちの織田秀信に岐阜二〇万石を与え、織田家の存続だけは許しています。それと同じように、家康には秀頼にわずかでも捨扶《すてぶ》持《ち》を与えて生かし、豊臣家の存続だけは許してほしい。秀頼のことを頼む、という心境だったのかもしれません。

秀吉は確かに豊臣政権として天下統一を果たし、それなりの統治システムを確立しました。自分の死後、その政権を運営するに足る、石田三成以下の奉行衆も育てた。豊臣政権自体を動かすことには問題なかったでしょう。しかし、三成らは官僚としては優秀でも、戦国大名としては到底、徳川家康には束になっても敵うわけがない。そのように秀吉は考えたと思うのです。

秀吉は死の床に家康を呼び、「くれぐれも秀頼のことを頼む」と懇願したと伝わりますが、仮にこれが事実だとすれば、それは「天下人として秀頼を盛り立ててくれ」と言ったのではなかったか。秀吉ほどの人物ですから、自分の死後、家康が「天下人として秀頼を盛り立ててくれる」だなんて甘っちょろいことは考えなかったのだと思います。

自分だって織田家から天下を簒奪しているわけですから、仮に「くれぐれも秀頼のことを頼む」と家康に託したのであれば、それはあくまでも「秀頼の命だけは勘弁してやってくれ」、あるいは「天下は家康殿にやるから、豊臣家だけでも何とか存続させてくれ」というような願いだったのではないか、と私は考えています。

家康は関ヶ原の戦いで三成を退けた後、大坂の陣で秀頼と対峙します。その際、たとえば秀頼が大坂の冬の陣の後にでも、大坂城に集った浪人衆とは全て手を切り、大坂城も明け渡し、母親の淀殿を江戸へ人質に出すというような条件を全て飲んで、全面的に降伏していれば、豊臣家の存続は可能だったのかもしれません。

関ヶ原の戦いの後、家康は勝利した東軍の諸大名に、豊臣家の領地を分配しますが、それによって、秀頼はわずか六五万石の大名になっていました。しかし、この領地も手放すことを受け入れて大坂城を出て、仮に江戸城の監視を受けることを考えて「川越五万石あたりでどうだ」というような条件をも秀頼が飲んだとすれば、家康なら果たして殺したでしょうか。石橋を叩いて渡る家康なら、自分の政権にとって邪魔になると思い殺したのかもしれません。

ただ、秀頼の正室は、徳川秀忠の長女の千姫です。家康にとっては、千姫は孫ですから、姻戚関係ということで取り込み、石高をうんと少なくして、家だけは残すということも考えられなくはない。実際、織田家は二万石にすぎませんでしたが、存続させています。それならば豊臣二万石で許す、ということもあり得たのかもしれません。

秀頼は本当に秀吉の子だったのか?

これもまた想像の域を出ませんが、秀頼は実は秀吉の実の息子ではなかったという説もあります。晩年になるまで子ができなかった秀吉に、信長の妹・お市の方の娘である茶々(淀殿)との間に、ひとりならまだしも、ふたりも続けて男子が生まれています(秀頼の兄に当たる鶴丸は病気のため早逝しています)。

産婦人科の先生方に聞いたところ、みなさんが仰るには、秀吉が関係した多くの女性たちが妊娠しなかったのに、淀君だけが秀吉の子を授かる確率は、まず奇跡的な数字です。さらに、最初の子が夭折したのち、すぐにもうひとりの男子を授かる確率は、もはや天文学的な数字だそうです。医学的に考えると、秀頼は秀吉の子どもではない可能性が極めて高いということになります。

自分の子ではそもそもないし、どうなると知ったことではない――さすがにそのような自暴自棄な考えではなかっただろうとは思いますが、武士の場合、鎌倉時代の昔から生物的な「血」のつながりよりも、「家」の存続にこそ価値が置かれていたという事実があります。「家」さえ存続すれば、外から他家の血を入れても全く問題がなかったのです。

日本社会は「血」よりも「家」

たとえば、中国には後宮制度があり、天子の子を生む女性たちが生活する場所には、たとえ犬猫であっても男性を入れてはならないという厳格な決まりがありました。どうしても力仕事のような男性を必要とする場合があったときには、去勢した宦官しか入ることを許されなかったのです。しかし、このように厳格に血統を守るような制度が日本にはありません。かつて作家の丸谷才一先生は、日本文化の根底にあるのは恋であると述べましたが、今日ではバッシングの対象でしかないかもしれませんが、かつて日本社会は伝統的に恋多き男も恋多き女も肯定的に捉える風土がありました。江戸時代の大奥の制度にしても、中国の後宮制度のように厳格なものではなく、割とザルだったという話もあるのです。

「血」の連続性よりも、むしろ「家」の連続性が重視されたのは、貴種流離譚《きしゅりゅうりたん》を伝統的に好む社会の傾向からも指摘することができると思います。

現代人の私たちからすれば、血のつながりとは、ＤＮＡ的につながっていること、つまり生物学的なつながりを意味します。しかし、当時の人々は当然、DNAの存在など知りませんから、生物学的なつながりというのはそこまで大きな問題ではなかったのです。つまり、「家」の存続のほうが重要で、後継は養子であっても全く問題ありませんでした。むしろ、尊い貴族の種を貰えるならば、家格を上げることにつながりますから、積極的に取り入れていくというようなことがありました。そこでしばしば好まれたのが、貴種流離譚だったのです。

貴種のなかでも最も尊いのは、言うまでもなく天皇家の血筋です。『平家物語』には、平清盛が実は白河上皇のご落胤《らくいん》だったという話が描かれているのは、有名な話です。また秀吉にも天皇のご落胤伝説があります。

いずれにせよ、血よりも家というのが、日本社会における大原則なのです。

秀吉が願ったのは豊臣家の存続だった!?

そもそも豊臣家は秀吉の代で成り上がった家です。そうであれば、そこまでの執着はなく、たとえ小さくても存続してくれればいい。天下は家康に取られても仕方がない。しかし、秀頼を生かし、どんなかたちであれ、豊臣家さえ続いてくれれば……というように、秀吉は考えていたのかもしれません。

一代で天下人となった秀吉には、他の戦国大名とは異なり、代々の家臣もいません。長年、右腕として信頼を置いていた弟の秀長も先に亡くなり、有力な親族もいませんでした。五大老・五奉行という政権運営の仕組みを作ったものの、それも秀吉あっての権力装置です。

自分が仕上げた統一国家を自分の死後、運営していけるのは誰か。――それは家康しかいない、ということになるでしょう。

やはり、秀吉は死の床に家康を呼び、「くれぐれも秀頼のことを頼む」と懇願したのは、「天下人として秀頼を盛り立ててくれ」と言ったのではなく、「そこそこの石高の大名でいいから、豊臣家を存続させてくれ」と頼んだのではないでしょうか。

第四章 普通の人・徳川家康

徳川家康の半生

三河尾崎の松平家に生まれる

徳川家康は、一五四二(天文一一)年に、三河岡崎の松平家の嫡男として生まれました。この岡崎の松平家というのは、家康の祖父に当たる清康が割と優秀な国人領主だったとされます。とはいえ、三河一国をしっかりと治めていたわけではなく、三河に勢力を張っていた国人領主の家であり、せいぜい西三河を治める武将といったところです。

もともと織田信長にしても、父・信秀の代では尾張を自分の力で制圧したわけですが、父の死後に信長のもとで尾張一国が結束できたかというとそうではありませんでした。ですから、信長はまず尾張を統一することから始め、それに五年以上の歳月を費やすことになります。つまり、戦国大名といっても、常に一国をきちんと統治できていたわけではなかったのです。

そもそも松平家の来歴はというと、古代豪族の加茂氏の一族とも言われ、家康から数えて八代前の祖先・親氏が松平郷の村長の地位から出発して、武士領主として発展していったとされますが、実際のところはよくわかっていません。先祖のうちのひとりが、室町幕府政所の執事伊勢氏の被官となったとされますが、どこまで信用できるのか、定かではありません。のちに家康は一五六六(永禄九)年に、現在の群馬県太田市に当たる上野国新田郡を領した得川氏が遠祖に当たるとして、松平から徳川に改姓しています。得川氏の先祖は源氏の名門・新田氏ですから、いわば自分は名門の家の出だと言いたかったのだろうと思います。

とにかく、松平家の来歴はよくわかっていませんが、西三河の中小在地領主の域を出るものではなかったと考えられます。国人として力を付けていくなかで、家康の祖父である清康の代に頭ひとつ、ふたつ抜けたという程度だったのでしょう。

織田家と今川家の人質となる

清康の子である広忠は、三河刈谷城主・水野忠政の娘である於大《おだい》を正室として迎え、その間に生まれたのが家康でした。母方の祖父・忠政が亡くなった後、後継の水野信元は、織田方に付いたため、今川方の松平家とは、敵同士となってしまいました。そのため、家康の母・於大も実家である水野家に戻されることとなります。

こうして、母親とは離れ離れになってしまった家康ですが、悲劇はさらに続きます。織田信秀が三河に侵攻してきたことから、家康の父・広忠は今川義元に支援を求め、代わりに幼い家康を人質として差し出したのです。

ところが家康は織田方に付いた三河田原城の城主・戸田康光に身柄を奪われ、織田信秀の元に送られてしまいます。信秀は家康という人質を盾に恭順を迫りますが、広忠は応じませんでした。そして、家康の祖父・清康は家臣に殺されてしまったのですが、父・広忠もまた家臣に裏切られ殺されてしまいます。

広忠が亡くなって以降、今川義元は松平家の岡崎城を保護下に置きつつ、織田信秀の庶子である津田信広の安城城を攻め、城主の信広を捕虜とします。そして、織田信秀に、家康との人質交換を迫りました。

人質の交換は、当然ながら見合った者同士の、いわば等価交換でなければなりません。津田信広は信長の兄ですが、庶子なので、織田家の嫡流ではなく、後継ではありません。家康はこのとき、父・広忠が亡くなったことで三河をまとめ上げる松平家の当主格に当たり、それくらいの地位の人間でなければ、織田の息子とは等価ではない、としばしば言われます。だからこそ、松平家とは三河一国をまとめ上げた戦国大名なのだ、というわけです。

しかし、むしろ話は逆で、松平家の嫡流の子である家康には、織田家の後継ですらない庶流である津田信広くらいの価値しかなかったというのが、本当のところだろうと思います。

家康と津田信広の交換を条件に和議が成立し、こうして家康は駿河の今川氏へと移されることとなりました。

今川家の武将となる

家康はその後、今川氏の保護のもと、駿河で育ちます。おそらくただの人質というわけではなく、それなりの待遇を受けていたのではないかと考えられます。というのも、のちに徳川家康は征夷大将軍の位を息子の秀忠に譲り江戸を後にすると、三河ではなく、駿府を自らの住まいにしています。もし仮に少年時代の、人質の頃の暮らしが虐《しいた》げられ、酷いものだったとすれば、わざわざ晩年になってまで住もうとは思わないでしょう。家康が晩年の居城に、駿河の駿府を選んだとすれば、やはり今川の人質だったその幼年期を肯定的に捉えていたのではないかと考えることができるのではないでしょうか。家康の幼名は竹千代と言いますが、その後、今川義元から「元」の字をもらって、「元康」と名を変え、元服しています。そして、今川一族から正室・築山殿を迎えました。その意味では、今川はうまく家康をコントロールし、今川に仕える武将として育てていったということだろうと思います。

これは戦国時代の悲惨な話になりますが、普通、戦国時代における人質というと、自分のことを人質に出した本家というのは、自分の父親だったり、兄だったりするわけです。そういう本家の父や兄が、自分が人質として暮らしている家にとっては敵対する勢力に寝返ってしまった場合、どうなるかというと、基本的には人質は殺されてしまいます。普通であれば、人質とは非常に緊迫した状況で生活を送らなければならないのです。

ですから家康も、人質に取られた今川方で本当に快適に過ごすことができたというわけではないとは思います。ただし、家康の場合は、すでに父親の広忠が暗殺されてしまっています。たとえ岡崎の松平家がどのような動きをしても、家康自身が殺されるということはなかったのだろうと推測できます。

今川義元の思惑としては、三河を今川領に組み込む材料のひとつとして、家康を使いたいわけです。今川方に与《くみ》するように育て上げ、自分の名前の一字を与えて元服させ、正室に今川一族の娘を娶《めと》らせる。そうして、ゆくゆくは家康が正式に三河松平家を引っ張っていき、その力を今川に従属させるということを、義元は考えたのだろうと思います。その意味では、本家の動向次第ではいつ殺されるかわからない人質とは、家康は異なっていたと考えられるでしょう。つまり、今川に人質に取られた家康は、駿府において、いずれ大きくなったらそのまま今川の家臣団に組み込まれるようにして、育てられたのだと言えます。ですから、人質という緊迫した存在ではあったけれども、そこまで嫌になるような生活を送ったとも言えない。これが、晩年に家康が駿府を選んだ理由のひとつなのかもしれません。

桶狭間の戦いでの家康の決断

今川義元のもとで育ち、今川に仕えた家康の転機となったのが、桶狭間の戦いです。織田信長が「海道一の弓取り」とも呼ばれた今川義元を討ち取ったこの戦いは、家康にとってはほとんど初陣に近いものだったと言えます。しかも前線である大高城への食糧の搬入が主な役割でした。また先述したように、そもそも三河岡崎の松平家自体も、三河一国を治めるような戦国大名でもなかったわけで、つまり、この頃の家康はまだ何者でもないのです。

そんな家康にとってほぼ初陣となるような戦《いくさ》で、主君の今川義元が討たれてしまうのです。このとき、家康は自分なりの身の処し方というものを懸命に考えたことだろうと思います。義元が討たれたとはいえ、その後継である氏真は健在で、今川家自体が滅んだわけではありません。家康もおそらく、駿府へ戻り、このまま今川の家臣として氏真に従って生きていくという道も考えたことでしょう。しかしそこで家康は、松平家の本拠地である岡崎へと戻ることを決断しました。

とはいえ、家康はすぐに岡崎城に戻ったわけではありません。まず松平家の菩提寺である大樹寺に身を寄せています。なぜ、家康はすぐに岡崎城入りをしなかったのか。おそらく岡崎の家来たちは、この松平家の若殿の帰還を快く思っていなかったのではないでしょうか。そのため、家康は岡崎城に入ることができなかった。当時の寺というのは城のような防御施設として用いられることも多かったため、一旦、大樹寺に入った。つまり、「三河武士は忠義に厚い」としばしば言われますが、そうではなかったことになります。

その後、なんとか岡崎城に戻った家康は、まず西三河を手中に収めると、三河を統一するために東三河を攻略しますが、その過程で織田信長と同盟を組むわけです。

これがいわゆる清洲同盟と呼ばれるものでした。こうして家康は完全に今川とは手を切り、その後、信長が本能寺の変で横死するまで、この同盟関係が続くことになります。当時の信長は曲がりなりにも尾張一国を統一しています。先述したように、尾張一国で五七万〜六〇万石ですから、それだけで相当に有力な戦国大名です。

一方、家康はまだ三河一国すら平定できていません。つまり、信長と家康は、最初から五分五分の同盟関係ではあり得ないわけです。後述するように、対武田に関しては、家康はほとんど信長からは助力を得られておらず、かなり苦労するわけですが、それでも家康は信長を裏切ることはありませんでした。

信長自身、家臣や同盟者から裏切られ続けた人物ですから、この清洲同盟にしても裏切って当然なわけです。それでも家康は、ほとんど無茶振りに近い信長との同盟関係を最後まで続けました。ここでは家康の律儀者としての姿が際立ちます。やはり家康を語る上で、律儀者として信用できる人物だったという評価は大きいのです。家康は信長や秀吉ほどに大きな改革や新しい施策を行ってはいませんが、こうした誠実さによって、天下人になることができた存在だと言えます。

対一向一揆に見る家康の人柄

こうした家康の人柄は、三河一向一揆の制圧においても窺い知ることができます。家康は三河の平定に際して、一五六三（永禄六）年末から六四年の初めにかけて、三河では一向一揆が起こり、これと対決しなければなりませんでした。一向一揆とはつまり浄土宗の勢力になりますが、戦国時代の当時、この戦国大名にとって一向一揆は大きな脅威でした。信長も石山本願寺や北陸、伊勢長島などの一向一揆に何度も手を焼いています。

家康も、三河一向一揆との戦いでは、忠実であるはずの三河武士団の多くが、一向一揆に走ってしまった。ですから、家康は自分の家来と戦わなければならなかったのです。たとえば、のちに家康の第一のブレーンとなる本多正信も、この一向一揆の側に付いていています。つまり、家康を一度、裏切ってしまっている。そのため正信が家康のもとに戻ってこれたのは、早くても本能寺の変の後くらいだったとされます。

つまり、武田信玄との戦いで生きるか死ぬかというような時期には、本多正信は家康のもとにはいなかったのです。このような裏切りをしたからには、本来なら殺されたって文句は言えないわけですが、家康は帰参を許しています。

ともかく、手酷《てひど》い裏切りに遭いながらも、家康はなんとか一向一揆を鎮圧することができました。信長の場合、一向一揆に対しては皆殺しにして力で屈服させましたが、家康はこれだけ一向一揆に苦しめられたにもかかわらず、浄土宗に帰依している。もちろん、一向宗は浄土真宗ですから、厳密に言えば浄土宗とは違うわけですが、基本的には同じ「南無阿弥陀仏」を唱えるグループなわけです。その他の宗派ではなく、律儀に浄土宗を信仰し続けるのが家康でした。

信長は一向一揆に対して力で屈服させ、裏切り者は許さないわけですが、家康はのちに本願寺を東西に分けて、互いに競わせることでそれぞれの力を削ぎ、徳川家に牙を向かないような状況を作り出しました。東西に別れたとはいえ、東本願寺も西本願寺もそれぞれ相当な勢力でしたが、それでも家康は信長と違って潰したりはしない。その意味では家康は信長とは相当違うわけです。

織田信長に尽くし続けた家康

甲斐の武田信玄との関係

一五六七（永禄一〇）年五月、信長の娘・徳姫を家康の嫡男・信康の妻にすることで、信長と家康の同盟はさらに強化されることとなります。信長の思惑はこの同盟を結ぶことで、なんとか三河を統一した家康に、甲斐の武田の押さえの働きをしてもらうことでした。信長は東の甲斐よりも、西の近畿地方を先に押さえておきたいというのが本音で、武田と事を構えるのは面倒だと思っていたと思います。

ですから、たとえ甲斐の武田が、家康の三河へ侵攻してきたとしてもそのために兵を割くわけにはいかなかったのです。そのため、家康は対武田の最前線に立たされたのですが、信長はほとんど助けてくれないわけです。

家康は一五六九（永禄一二）年二月（一五六八年説もあります）に、武田信玄と同盟を結び、今川領を両方で取り合う算段を付けていました。武田は駿河を、家康は遠江を、それぞれ攻め込みます。家康としては、三河の西側に位置する尾張の織田と同盟を組むことで後ろを気にせずに、東の遠江に侵攻できる、というものです。しかし、当然、織田との同盟があるわけですから、武田が駿河を、家康が遠江を手に入れて自領として固めた段階で、お互いに敵同士となります。

こうして家康は岡崎から浜松へと本拠を移すわけです。先述したように、本拠地を移すというのは戦国大名には非常に稀な行為です。織田信長が本拠地を次から次へと変えていますから、家康もそれに倣ったと言えばそれまでですが、武田信玄は大きな治水工事をして川の流れを変えてまで、甲斐という自分の本拠地を決して動かなかったように、戦国大名としては、本拠地は動かさないというのが普通です。

たとえば、浜松に信頼する家臣を置き、敵が侵攻してきたら浜松で食い止めて、岡崎から家康の本体が救援に行く、というかたちもあり得たわけです。ですから、家康としても相当な覚悟を持って、浜松へと移ったのだと思います。つまり、自ら陣頭に立つ決意を、家康は固めたのです。

そこで思い出されるのが、家康が言ったとされる名言です。「大将たる者、人より優れた成績を出そうと思ったなら、味方の『盆の窪』ばかりを見ていては駄目だ」というような家康の言葉が残されています。

この「盆の窪」とは、首の後ろのうなじの部分にある窪みのことを言います。要するに、時として大将は先頭に立って戦い、陣頭指揮をしなければならないことがあるのだ、ということです。岡崎から浜松へと出ていくというのは、どう見ても武田と戦うために他なりません。より武田側の前線に近い場所に身を置くという選択をしたわけですから、それは織田信長との同盟で担わされた役目をきっちりと遂行するという目的があったはずです。そこには誠実とも取れる、家康の人柄が窺えるような気がします。

浜松は武田側からするとすぐに攻め込んで行きやすいところに位置するわけですから、それを家康本人が陣頭指揮をしながら食い止めているかたちとなります。ですから、家康としては、織田との同盟を重視して、非常に信長に尽くしている。「家康、頑張っているなあ」と率直に思います。そういう意味で、家康は本来、そこまで狡猾な悪い人間というよりも、誠実な人物だったのではないでしょうか。

家康が誠実だったというのは、もうひとつ理由があります。このような状況であれば武田に寝返ってもおかしくはないわけです。信長が同盟者や家臣から何度も裏切られ続けたことは有名です。戦国の世にあって、裏切りはそう珍しいことではありません。武田信玄からすれば、家康と組めば、東海地方を完全に勢力下に置くことができ、一気に尾張の織田信長と決戦に持ち込むことができます。ですから、家康を配下に招き寄せ、味方にするということを当然、考えるでしょう。そういう誘いもあったはずです。ましてや、信長は西の近畿地方を攻めることが第一で、東の武田はなるべく後回しにしたい。武田についてはとりあえず、家康に時間稼ぎをしてもらって、自分はほとんど兵を出さないという、二の次の対応です。

そうであれば、家康としては織田を見限り、武田に付いたほうがいいと考えても全然おかしくはありません。しかし、それでも、家康が武田側になびくことはありませんでした。

三方ヶ原の戦いでの失策

こうしていよいよ、武田信玄が本格的に徳川領へと侵攻し、三方ヶ原の戦いへと突入します。信玄としては病の進行もあり、そこまで長生きはできないと悟ったのか、自分の存命のうちにできうる限りの体制を整えておこうと考えたのかもしれません。大規模な戦争を想定して軍備を整え、その戦費を賄うためにこれまでにないくらい、厳しく税金を取り立てていました。当然ながら、この情報は家康のもとにも届くわけで、いよいよ武田信玄も本気だと覚悟したでしょう。そのため、織田にも救援を頼むことになります。

基本的には家康は浜松城に立て籠もるという籠城作戦を取りました。その兵はおよそ八〇〇〇と言われています。本書で繰り返し述べているように、籠城戦の場合、攻め手は守り手の三～五倍の兵を必要とするという大原則があります。八〇〇〇の三～五倍となると、二万四〇〇〇～四万もの兵が必要になるわけですから、武田としてはそれだけの兵を集めるのはなかなか厳しい。三倍くらいなら、無理すればなんとかなるくらいのものです。

　だったら、この戦いは浜松城に籠城して、その間に信長が救援軍を出し、織田・徳川の両軍が合流して武田に当たればよい、と家康も考えたでしょう。しかし、実際に信長が送ってきた援軍は、たったの三〇〇〇に過ぎませんでした。三〇〇〇の兵が浜松城に入ったとして、合わせて一万一〇〇〇。その三倍なら三万ですから、信長としては必要最低限の兵を出した、ということになるのかもしれません。

　ところが、武田信玄は浜松城に攻め込むのではなく、これを素通りして西へと向かいました。一万一〇〇〇の兵が、そっくりそのまま残された浜松城に何も攻撃を与えず、背中を見せたまま、西へと進軍したのです。そうなれば、家康としては、武田の軍勢に後ろから追撃もできれば、これは小説じみた発想になりますがこの隙を突いて武田領に侵攻することもできなくもない。

　要するに、これは武田信玄による罠だったのです。信玄にしてみれば、一万一〇〇〇もの敵軍をほったらかしにして、織田領のある西へと進むことは当然できません。いわば浜松城に籠城する家康を誘き出す作戦だったのだろうと思います。城攻めには時間も労力もかかりますから、信玄としてはこれを避けて、城の外で戦いたかったわけです。

「しかみ像」は家康ではなかった!?

家康はこの信玄の策略に乗せられ、後ろから武田軍へと襲い掛かる策を取ってしまった。対する信玄は、三方ヶ原で軍勢を反転させ、家康の軍を待ち構えていたのです。家康はこの判断ミスで大敗を喫してしまい自らも敗走、九死に一生を得ることになります。そのときの戒めとして、「しかみ像」を描かせたというのは有名な話です。つまり、信玄に素通りされて、舐められたと思った家康は怒り心頭に追撃の兵を走らせたところ、待ち伏せしていた武田軍に敗北したので、その反省としてそのときの苦々しい顔を描かせ、常に懐に入れていた、という逸話です。

ただ、家康が怒りに駆られてこうした判断ミスをしたのかどうか、本当のところはわかりません。確かに、家康としては追撃の兵を出すよりも、武田軍の後方を遮断して補給路を立つというような動きに出ていれば、それが最も効果的だったと言えるでしょう。それをやらなかったので、家康はきっと怒りに駆られて、冷静な判断ができなかったのだろうとされたのだと思います。

ただ、最近では、この「しかみ像」は実は家康を描いたものではなかったのではないか、という説もあります。私の友人で学芸員の原史彦さんが発表した論文なのですが、どうやら伝来する過程で箱と中身を間違えて整理されたため、「しかみ像」が家康ではない可能性があるそうなのです。

また、家康が武田軍を背後から追撃したというのは、作戦としてもそこまで悪手だったかというとそうではありません。合戦において、一番難しいのが退き口、つまり退却の際に後ろからの追撃をいかに防ぐかという点です。背後からの攻撃は効果的だったと言えます。しかし、三方ヶ原の戦いに関しては、やはり信玄が一枚上手で、家康の追撃を誘い、待ち構えていたわけです。

信玄の目的としては西へ侵攻するのではなく、ここで確実に徳川家康の首を取るか、完全に武田に屈服させることを狙っていたのだと考えるのが自然でしょう。西、つまり上洛することが目的だったのではなく、なんとか徳川領を武田のものにしたかったのだろうと思います。しかし、残念ながら信玄の病が悪化してしまい、甲斐へと戻る途中で亡くなったことで、家康はなんとか生き残ることができた、というわけです。

武田家との決戦・長篠の戦い

武田との決着は、その後、家督を継いだ武田勝頼との対決、すなわち有名な長篠の戦いによって、終止符が打たれることとなります。なぜ、織田と徳川の連合軍が武田に勝利できたかというと、それは家康の才というよりも、信長の才のほうが大きかったと言えます。先述した通り、信長は得意の野戦築城で、馬防柵など武田軍の戦力を削ぐ、自軍にとって有利な陣地づくりを徹底しました。また、この戦いでは鉄砲を大々的に戦に取り入れたともされます。これに比べて、家康は何か特別に大きな働きをしたかというと、そういうわけでもない。信長のように新しい戦術を編み出したり、新しい兵器を使ってみたりということもない。そういう意味では、家康は軍事的にも手堅いのです。

信長の戦術を引き継いだ豊臣秀吉にも、軍事に関してはさまざまな伝説がありま す。信長の野戦築城を完成の域にまで高め、持ち前の兵を動かす力で、中国大返しや賤ケ岳の戦いをやり遂げた。しかし、家康はこうした伝説めいた話もありません。

その意味で言うと、家康は何か特別な才能を発揮して、常人とは違い、二段、三段跳びの発想ができるような天才やアイデアマンのタイプではなかったのだろうと思います。人柄としても、信長との厳しい同盟関係を忠実に守り抜いたり、一向一揆に対してもかなり穏当な対応をしたりというように、狡猾というよりは誠実、冷たいというよりは人間味のある対応をしているように窺えます。後述するように、晩年の家康はよく学び、素晴らしく優秀な人物に成長しています。言うなれば、大器晩成であり、こつこつ地道にやっていくような、平々凡々としたタイプだろうと思われます。

ですから、武田と雌雄を決した長篠の戦いでも、家康は狡猾に振る舞ったとか、特別な手柄を立てたとか、そういうことはありませんでした。あくまでも本気を出したのは、信長のほうだったわけです。

徳川家康善人説

逆に言えば、一五七五(天正三)年の長篠の戦いに至るまで、信長の構想としては、武田を本気で相手にする必要はなかったのでしょう。ですから、武田は家康に食い止めさせて、このときまで後回しにし続けたということになります。つまり、信長としては、家康が自分の敵に回るということをあまり考えに入れていなかった。裏切られてばかりだった信長に、そこまで信頼されるという意味では、やはり家康は誠実な人だったのではないでしょうか。

ですから、私は大前提として家康善人説の立場を取っています。言い方を変えれば、それは残忍かつ狡猾、あるいは天性の才を発揮するようなタイプではなく、こつこつとやっていく平々凡々とした「普通の人」、もっと言えば「凡人」です。やはり優秀な人間は、善人や悪人という枠を超えたところにあるのでしょう。そのため、時にはとんでもなく残忍で狡猾にも思え、とんでもなく聖人のようにも見えるわけですが、家康にはそういう印象はありません。

だからそこまで大それた悪いことを、家康はできないわけです。たとえば、信長との同盟を破棄するなどというような決断はまずしないタイプでしょう。現代でも、ヘッドハンティングを受けて自信のある人こそ、次々と転職していくわけで、「こんな会社、信用できない」と思っていても、その会社にしがみ付き続けるというのが、普通の会社員であり、凡人です。そこまでのリスクを取らないのです。

つまり、家康もそのような善人かつ凡人だったのではないでしょうか。

織田信長の死後の家康

秀吉と家康の違い

本能寺の変で信長が討たれたのち、中国大返しという想像も絶するような強行軍を成功させた秀吉が、いち早く明智光秀を討ちました。柴田勝家ら他の織田家臣団の大名たちも、家康のような同盟関係にある大名も、秀吉のような決断を下すことはできませんでした。

秀吉は、ともかく最初に明智光秀を討たなければ発言権を持てないと判断し、対毛利氏の工作を早めて講和に持ち込み、取って返すかたちで兵を反転させ畿内へと戻りました。言うなれば、毛利氏が和睦を反故にして後ろから攻めてくる可能性だってあったはずです。そのリスクを冒してでも畿内へと戻り、明智光秀を討ったのですから、そこは世の流れを読み、決断する秀吉ならではの才があったと言えます。

反対に徳川家康や柴田勝家のように、少し様子を見ておこうとすぐには行動に出ないのが普通の凡人の考えでしょう。対明智において、秀吉に先を越されたというのは、家康はまだまだ秀吉の能力に及ばなかったということなのかもしれません。

家康による甲斐・信濃への侵攻

先述したように、信長というカリスマが倒れて以降、織田政権の秩序は崩壊し、アナーキーな状態となってしまいます。その結果、多くの武将たちは自分の本拠地へと戻り、まずは守りを固めました。

たとえば、甲斐国は以前から信長に仕えていた河尻秀隆が一国を領有していますしかし国人らの反乱に遭い、結局殺されています。また信濃国では、森蘭丸の兄である森長可が自らの本拠地に逃げ帰るなどしていますが、ろくなことにはなっていないわけです。家康も落武者狩りのリスクに晒されながら、伊賀越えを果たし、まずは自領へと帰還します。

その後、家康はどうしたかというと、全軍を上げて秀吉と対峙するという手もなくはなかったのでしょうが、まずは大きな統治者が不在となった甲斐、そして信濃へと侵攻することを選択しました。つまり、自分の領地を増やしていくわけです。これは、天下を統一しようとかいうのではなく、あくまでも戦国大名にとって当たり前の発想だった思います。

これに類する事例として、私は関ヶ原の戦いの際の上杉家の行動を思い出します。当時の上杉家は会津一二〇万石を治めていたのですが、謀反の疑いをかけられ、徳川家康が軍勢を率いて討伐に乗り出しました。その途中の小山辺りで、石田三成が挙兵した一報が入り、家康は引き返して、関ヶ原の戦いに赴くことになります。このとき、家康が引き連れていた軍勢は、そのまま東軍となりました。つまり、関ヶ原の戦いはこの会津討伐から始まるわけです。

不思議なのは、その後の上杉の行動です。要するに、すでに上杉は徳川の敵に回っているわけですから、家康の軍勢が背を向けたところで、死に物狂いに追撃をしなければ駄目だろうと思うのですが、そうしなかったのです。家康がこのまま天下を取ってしまったら、当然ながら、上杉はどうやったとしても勝てないでしょう。背を見せているこのタイミングで、なんとか家康を討つことができなければ、上杉の生き残る道はないわけです。

ところが、上杉は何を考えたのか、自分の領地を増やすために北上して最上領に進行し始めたのです。家康が天下人になってしまえば、今更、最上領くらいの領地を増やしたからといって到底、勝てるはずがありません。ですから、当時の上杉は、天下など関係なく、ただ普通の戦国大名として行動したのだということになるでしょう。言ってみればそれは凡人の考え方だ、というわけです。

ですから、本能寺の変の後の家康も、秀吉のように天下人を見据えて行動するのではなく、一介の戦国大名としての保身を重視した、普通の人だったわけです。それゆえに、自領を強化するために、甲斐や信濃へと侵攻したということになります。

東海地方を制する家康としては、東側で対峙する大きな勢力は、小田原の後北条氏ということになります。そこで家康は娘の督姫を北条氏直に嫁がせることで、同盟関係を結びました。家康としても、三河、駿河、遠江に加えて、ずっと戦を繰り広げてきた武田の領地である甲斐と信濃を手に入れることができた。おそらくそれで十分だとも思っていたのではないでしょうか。

秀吉との対決

第三章でも述べたように、その後、家康は、天下人への道を突き進む秀吉と小牧・長久手の戦いにおいて直接対決をすることになります。家康としては、元は三河の有力国人の家でしかなかった松平家の嫡男が、領地を広げて東海五カ国を統治するまでになった。「俺もずいぶん、偉くなったもんだな」というくらいで、おそらく家康は天下人になろうなどとは、この時点では考えていなかったのだろうと思います。

天下統一というビジョンを抱く戦国大名はやはり稀で、信長や秀吉のような存在は異例中の異例でしょう。普通の人である家康は、当時の戦国大名の常識通り、自分の本拠地を中心に領有する土地を守り、統治していくことが第一だったと考えられます。

しかし、天下統一を狙う秀吉が、それを許しませんでした。雌雄を決しようと、秀吉は家康を挑発してくる。そのため、仕方なく自分の領地を守るために、織田信雄を担いで、秀吉と対峙することになります。

第三章で述べたように、清洲会議において織田家の家督を継ぐことができなかった織田信雄はこの時点で、尾張と伊勢の領有が認められており、だいたい一〇〇万石くらいの大名でした。また、家康は三河と遠江、駿河を合わせてだいたい七〇万、信濃が四〇万、甲斐が二〇万とすると、合計で一三〇万石になります。織田信雄・徳川家康の連合軍は合わせて二三〇万石ですから、兵力に換算すると六万ほど。これくらいあれば、なんとか秀吉と一戦交えられるかという判断に達したのだろうと思います。

戦の顚末は、第三章で述べたように、野戦築城と機動力で戦いを挑んだ秀吉の裏をかくかたちで、家康がうまく戦況を乗り切っていきました。その結果、秀吉は軍事ではなく、政治によって家康を圧倒する方法を取っていきます。

関東への転封

豊臣政権下において、家康は関東へと転封を命じられます。これまで自分が心血を注いで守り、統治してきた東海地方の領地から、関東の未開拓な土地へと移されたのです。石高からすれば、東海五カ国を合わせて一三〇万石だったところから、関東へ移り、二五〇万石に加増されているわけですが、やはりこの時代の関東は僻地ですから、左遷であることは間違いなかったでしょう。

しかし、天下人となった秀吉の命令に逆らうことはできない。この辺りが、我慢の人である家康の真髄だろうと思います。家康は不平不満を言わずに、関東への転封を受け入れました。一方、家康が領有していた東海地方には、代わりに織田信雄が入ることになったのですが、信雄はこの転封に承服しなかった。自分の本領である尾張・伊勢から離れたくはなかったのです。結局、そのために信雄は秀吉に潰されてしまいます。

関東への転封を命じられたとき、おそらく、家康は算盤を弾いたのだろうと思います。普通に考えれば、これまで領有していた東海五カ国で一三〇万石、それが関東に行けば二五〇万石になる。そもそも西国中心の日本列島から考えれば、東海地方だって辺境に近いほうなわけです。そういう意味では、関東へ行くということは家康の選択肢にも入ってきていたのではないでしょうか。

もちろん、関東に行かなければならなくなったことを家康は考え抜いたことでしょう。東北を含めた関東を開発することで、より日本列島を拡張することになると、家康は見抜いたのではないでしょうか。まだ未開の地である関東には、開発次第ではかなりのポテンシャルが見込める。きっちり開発すれば、生産性を上げることもできる。関東の開発いかんで、日本列島をより栄えさせることができるかもしれない。そう家康は考えたのかもしれません。

秀吉が亡くなったのち、家康は転封された関東を本拠地として、江戸幕府を開き、自らの天下を築きます。当初は秀吉の命だったけれども、その後は自ら積極的に関東を選んでいるわけで、この点については本章で改めて考えてみたいと思います。

豊臣秀吉の死後の家康

秀吉に殺されなかったのはなぜか？

本章では家康は信長、秀吉に比べて、誠実な善人であり、平凡な戦国大名であるというひとつの像にまとめながら説明してきました。しかし、本当のことを言えば、それもまた家康の数ある仮面《ペルソナ》のひとつだろうと思います。

先述したように、秀吉は家康を殺さなかった。朝鮮出兵のために集めた二〇万の兵力でもって関東を攻めれば、さすがの家康も勝てないだろうと思いますが、秀吉はそれをしなかった。その秀吉側の理由については第三章で考察してみましたが、逆に家康はなぜ秀吉に殺されなかったかと考えてみると、やはり家康は善人だった。少なくとも秀吉の存命中には、謀反を起こすということはなさそうだと思われたのかもしれません。

関東への転封は、あわよくば織田信雄がそうだったように、家康にあえて難題をふっかけることで、謀反を誘ったとも言えます。秀吉はそうやって戦の口実を作り、ライバルたちを次々に蹴落とし、天下人まで昇り詰めました。

しかし、家康はそれには乗らなかった。信長との同盟を頑なに守ったように、家康は秀吉の天下が成立したと見るや、その趨勢《すうせい》に従ったのです。そうやって戦国の世を生き抜いてきた家康がとうとう、その誠実さの仮面を外したのは、一五九八(慶長三)年に秀吉が亡くなってからのことでした。

秀吉が亡くなると、家康は豊臣政権の五大老としての立場を使いながら、人が変わったように天下取りへと邁進することとなります。家康は有力な諸大名と姻戚関係になることで秀吉の子飼いの家臣たちの切り崩しにかかります。

また、のちの天下分け目の合戦である関ヶ原の戦いで、豊臣方の西軍を裏切って東軍の家康のもとへと降った小早川秀秋などには、家康は早くから恩を売っていました。秀吉の正室である北政所の甥にあたる秀秋は、秀頼が生まれるまでは後継者候補のナンバー2でした。後継者候補ナンバー1の豊臣秀次は、秀頼が生まれたのちには邪魔者となり、一族もろとも殺されてしまっています。秀秋は、小早川隆景の養子になり小早川家を継ぐことで、なんとか生き延びることができたと言えます。

ところが、朝鮮出兵に従軍した後に左遷され、博多にあった三五万石の領地は半分以下に減らされ、越前の北ノ庄一五万石へと国替えとなりました。そのまま行けば、やはり秀秋も、秀次と同じように殺されていたかもしれません。

しかし、秀吉が亡くなったことで、まずはその可能性は消えたわけです。そして、家康が秀秋の冷遇を見兼ね、言葉巧みに近づいてきて、秀秋の博多の領地を回復させてあげたのです。自分を冷遇し殺そうとした秀吉と、領地を回復してくれた家康。小早川秀秋からすれば、豊臣には酷い仕打ちを受けているわけですから、普通に考えれば家康に味方するのは当然でしょう。すでに秀秋の心は、豊臣から離れていたというわけです。その意味では、西軍を裏切ったというような問題ではなかったのではないかと思います。

小早川秀秋と同じように、細川忠興など豊臣政権下では相当な冷や飯を食わされた大名たちに、家康は近づき、五大老としての権限を使いながら、領地を回復させるなど、恩を売ることで信頼を得ていったのです。そうやって、関ヶ原の戦いでは東軍に付く武将たち、いわば親徳川派の勢力を確実に増やしていきました。

家康は戦争を欲していた

天下取りに動いた家康がまず欲したのは、まさしく戦争でした。秀吉が織田政権の天下を奪ったときと同様に、戦の口実を作り、敵対勢力を追い落としていく方法を選んだのです。つまり、家康は、先行する天下人である秀吉の方法を学び、それを忠実に再現していったわけです。

最初の対立となったのは、豊臣政権下で同じ五大老のひとりとして力を振るった、前田利家でした。利家は、生前の秀吉から、秀頼のお守り役を命ぜられていました。そのため、秀頼とともに大坂城に入っています。これに対して、家康は伏見城に本拠を置き、両者は牽制し合っていました。天下への野望を隠さなくなった家康を、利家がなんとか押さえていたというような構図です。しかし、幸か不幸か、利家は秀吉の後を追うようにしてすぐに亡くなってしまいます。

朝鮮出兵の失敗によって豊臣恩顧の大名たちの心は、すでに豊臣家から離れていました。秀吉への不満の矛先は、その忠実な部下であった石田三成へと向かいます。前田利家が没したのち、加藤清正や福島正則、黒田長政らが大坂にいた三成を襲撃しようと画策したのです。三成は大坂から伏見にあった自らの屋敷へと逃れました。そして、両者の仲立ちを務めたのが、家康でした。その結果、三成は佐和山へ退去となり、五奉行の体制に綻びが生まれることとなります。

こうして、家康の「暴走」を止める者は誰もいなくなりました。家康は秀吉から学んだように、大きな戦を起こして、それに勝利することで、世の中に家康の天下であることを知らしめようと画策します。そこで揺さぶりをかけたのが、前田利家の死後、家督を継いだ前田利長でした。利長に謀反の疑いをかけたのです。

しかし、利長は家康に対して土下座外交を行い、母親で利家の妻であるまつを人質に出します。こうしてなんとか戦をすることを避けたのでした。その結果、家康は前田を潰すわけにはいかなくなり、振り上げた拳の行き場に、会津の上杉景勝を選びました。上杉に謀反の疑いありということで、いよいよ会津討伐となったわけです。

こうして、会津討伐の軍が編成され、小山辺りまできたところで、石田三成らの西軍が兵を挙げました。しめたとばかりに家康は兵を反転させ、会津討伐の軍はそのまま、東軍となり、天下分け目の合戦である関ヶ原の戦いへと突入していったのです。

関ヶ原の戦いに勝利した家康は、自分に味方した東軍の大名たちには論功行賞を行い、所領の加増などを取り決め、反対に敵に回った西軍の大名の領地を没収もしくは削減するなどの差配を行いました。

先述したように、鎌倉時代の頃から、武士にとって重要なのは御恩と奉公の関係です。武家の棟梁は、御家人たちに土地の安堵を行い、御家人である武士たちはその恩に報いて、主人のために命を投げ出して戦うわけです。このとき、家康が論功行賞を行い、自らの名のもとに大名たちの土地の差配を行ったということは、まさに家康は諸大名と主従関係で結ばれたということになります。

今日の日本史の教科書では、江戸幕府は徳川家康が征夷大将軍に任命された一六〇三（慶長八）年に始まったとされます。しかし、関ヶ原の戦いの後に、家康が諸大名の論功行賞を行った時点で、すでに世は家康の天下へと切り替わっていったと言えるでしょう。それを江戸幕府の体制と呼ぶならば、つまり、一六〇〇（慶長五）年に江戸幕府が成立していたことになります。

その後、大坂の陣によって、豊臣秀頼を退け、名実ともに徳川家康の天下となるのです。

なぜ江戸を本拠としたのか

京都と畿内を本拠地にするのが定石

ここで改めて、家康が自らの天下を作るときに、関東の江戸を本拠としたのかを考えてみたいと思います。私自身、確固とした答えが出ていないことなのですが、なぜ、家康は江戸を選んだのでしょうか。

まず言えるのは、当時、江戸に本拠地を置くというのは、かなり異例なことだということです。なぜかというと、家康の前の天下人、つまり織田信長も豊臣秀吉も、自らの本拠地は畿内に置いたわけです。さらにその前の政権と言えば室町幕府ですから、これも京都ということで畿内です。それ以前は鎌倉ということになるわけですが、ともかく当時の戦国大名の常識として、京都並びに畿内が本拠となるのが中心的な考え方だったと言えます。

信長は京都近くの安土城を本拠とし、信長以前の畿内の有力者である三好長慶もまた、京都近辺に芥川山城を築き本拠としています。京都は守るのになかなか難しい土地柄だったようで、京都内に城を築いても効果がない。そのため、織田信長も三好長慶も、京都近くに本拠地である城を築いたということになります。

一説によると、信長は安土の次は大坂を本拠にしようと考えていたとされます。つまり、一向宗の拠点であった石山本願寺を降伏させたのち、その石山に城を築こうと考えていたのではないか。結局、それはのちの大坂城になるわけですが、そのための基礎工事は信長の存命中に行われており、秀吉が光秀を討った後、すぐに大坂に拠点を移せたのも、信長が準備を整えていたからだと言われています。

その真偽はわかりませんが、とにかく、秀吉は大坂城へと入ります。その秀吉も、実は意外と大坂城にはいないのです。その後、京都に聚楽第《じゅらくだい》を建てて、そこで生活しているわけです。つまり、秀吉も京都にいることになります。秀吉は秀次に関白を譲り、後継者としていますが、その秀次にこの聚楽第も譲ると、今度は自分の隠居場所として伏見城を造りました。その後、秀頼が生まれ、秀次の一族は皆殺しとなったため、この聚楽第はほとんど解体されてしまいます。そのため、秀吉はその後もずっと伏見城を本拠としているのです。

伏見城とは結局、言い換えるならばほとんど京都城と呼べるようなものです。三好長慶の芥川山城や、織田信長の安土城に比べて、伏見城ははるかに京都に近い位置にある。そして秀吉は、そのまま伏見城で亡くなっています。ですから、秀吉は大坂城の印象が強いですけれども、京都に軸足を置いていたことになります。

家康は江戸にはほとんどいなかった

それでは、その後の天下人である家康はどうしたのか。

秀吉が存命中は秀頼も伏見城にいましたが、秀吉が亡くなると、大坂城で母親である淀殿と暮らすようになります。その際、守り役である五大老のひとり、前田利家も大坂城入りしています。これに対して、同じく五大老でその筆頭である家康は、伏見城に入ったのです。

つまり秀吉の死後、大坂城に秀頼と前田利家、伏見城に徳川家康が入り、先述の通り、両者は互いに牽制し合うこととなります。秀吉が亡くなってからわずか一年後、大坂城の前田利家が亡くなります。すると、今度は家康が大坂城へと入ったのです。この頃の大坂城には、秀頼の天守閣と家康の天守閣という、二つの天守閣があったことになります。

家康が関ヶ原の戦いの前哨戦である会津討伐に赴いた際、その留守役として伏見城に置かれたのが、鳥居元忠でした。家康の不在を見計らって兵を挙げた石田三成は、まずこの家康の城である伏見城を攻め落としたのです。

それだけ家康は京都の伏見城を拠点にしていたことがわかります。関ヶ原の戦いののちも、家康は伏見城にしばらくは居を構えていました。実は江戸に戻っていないのです。おそらく豊臣恩顧の大名たちが多い畿内を中心とする西国を牽制するような意味合いがあったのだろうと思います。家康は伏見城に滞在しながら、徳川政権の基礎固めをしていました。先述したように、一六〇三年に家康は朝廷から征夷大将軍の職に任ぜられましたが、その任命はこの伏見城で受けています。その意味では、家康もまた京都を非常に重要視していたことになるでしょう。

征夷大将軍に任命されたのち、家康は江戸城へと移るのですが、江戸住まいの期間は、二年にも満たなかった、わずかな間だけです。すぐに息子の秀忠に将軍職を譲り、江戸を後にして、駿府へと移ります。

これらのことを考え合わせると、どうも家康は、本当は江戸が好きではなかったような気がしてきます。当時の大名、あるいは天下人の例からすれば、やはり京都の近くに拠点を置くというのが当然だったのでしょう。政権自体は京都でなくとも京都近くの畿内でよかったはずです。にもかかわらず、家康は自分の政権の本拠地に関東の江戸をわざわざ選んでいる。これがなぜなのか、答えを出すことはかなり難しいのです。

西の敵対勢力から距離を取る

ひとつ考えるヒントとなるのは、徳川の政権にとって都合の悪い勢力、つまり西軍に属して敵対した大名や、もともと豊臣恩顧の家臣であるけれども東軍に味方したような大名たちを、家康は皆、西に置いているということです。加藤清正は肥後、福島正則は安芸、黒田長政は博多というように、豊臣恩顧の大名たちは、関東に動かそうという考えは家康にはなかったと思われます。つまり、外様大名は西へと追いやり、徳川政権の本拠地である関東から遠ざけていたということになるのです。

そして、こうした西国の大名たちの防波堤になる役目として、彦根に井伊、桑名に本多といった徳川家の信頼に足る忠臣たちを置いています。さらにこの背後を御三家のひとつとなる尾張徳川家が固めることで、西からの守りを固めたことになるわけです。

つまり、家康としては江戸を守りやすくするために、敵対しそうな勢力は全て西国に追いやったということになるでしょう。こうした敵対勢力を迎え撃つのに京都では近すぎる。なるべく敵から距離を取ることを考えるならば、関東の江戸を本拠とするのが望ましい、というわけです。

このように物理的な距離感という意味では、古代日本にもこれが当てはまります。

古代のヤマト政権にとって、大きな仮想敵というのは大陸や朝鮮半島の勢力だったわけです。つまり、敵は必ず西からやってきたということになります。当時で言う西のどん詰まりというのは、畿内の大和であり、その奥座敷が伊勢神宮というかたちになります。それより東は当時としては全く考えに入らないような、未開拓の地とされました。この点については改めて第五章で考えていきたいと思います。

ともかく、このように敵対勢力から物理的な距離を取るということが、それなりに意味があったとするならば、豊臣政権の後に新しい政権を打ち立てようとする家康にとって、喫緊の課題は、朝鮮出兵の余波だったのではないでしょうか。晩年の秀吉が朝鮮出兵を強行し、大失敗に終わると、そのまま尻拭いを終えぬ間に秀吉は亡くなってしまったわけです。そうなると次の政権を打ち立てた家康が、その後処理をしなければならなくなってしまった。そこまで信用のできない豊臣恩顧の大名を西へ追いやり、その先の大陸と朝鮮半島にも敵がいる、というような状況です。なるべく西側から物理的な距離を取り、安心して国づくりを行うことができるのはどこかというと、やはり関東の江戸だったのではないかと思うのです。

土木オタクだった家康

もうひとつ考えるならば、もともと家康を関東に置いたのは秀吉ですから、それを逆手に取って、東日本を西日本に負けないくらいに発展させることを、家康は夢見たのかもしれません。これは結果論として言えることですが、家康が江戸を本拠としたことにより、日本列島の東側は飛躍的な発展を遂げます。特にそれは東北に顕著で、家康の頃から比べると、陸奥国は江戸時代に入って石高は倍となり、出羽国に至っては五倍の生産量となっていきます。つまり、関東地方の各所で、それぞれ米がたくさん取れるようになっていったのです。言ってみれば、家康が江戸で政権づくりを行った結果として、先進地域である日本列島の西側に対して、後発だった東側が発展し、充実していくこととなるわけです。日本列島のバランスを考えたときに、家康が東に政権を持ってきたことは、ある種、良い選択だったと言えなくもないのです。

どうやら家康はオタクと言えるほどに土木工事を好んでいたようで、新しい都市開発をするのは嫌いではない、むしろ好きだったようなのです。その意味で言えば、関東への転封は家康にとってやりがいのある仕事だったのかもしれません。

信長や秀吉などはこうした土木事業にも美的センスを窺わせるところがあって、しばしば「黒い城」を建てています。この「黒い城」とは何かというと、壁に漆を使っているのです。つまり、「黒い城」は漆塗りの城というわけです。漆とただの漆喰とでは、当然ながら漆のほうが値段は高い。天守閣なんかを漆塗りにしたりと、「黒い城」は建てるのに相当な資金がかかります。

ところが家康が建てた城というのは、漆喰で固めた真っ白な城ばかりで、全く美的な感覚はありません。江戸城も駿府城も、ただ大きく真っ白で美的なものというよりは、機能性を重視した城だったということになります。そういう意味では、家康は倹約家だったのかもしれませんし、美的な建築物に喜びを見出すタイプというよりも、機能的な都市づくりと土木事業に面白さを感じるようなタイプだったのかもしれません。そんな家康にとって、江戸の町を一から造るというのは、とてもやりがいのある仕事だったように思われます。

家康が確立した統治システム

徳川政権は「無難な政権」だった

織田信長は「天下布武」というビジョンを初めて打ち立てた「天才」であり、その後を継いだ豊臣秀吉は「太閤検地」や「刀狩」といったさまざまなアイデアを繰り出して、天下統一を完成させた「アイデアマン」だった、と本書ではこれまで述べてきました。それでは、こうした先行する天下人たちに比べて徳川家康はどうかと言えば、特筆して見るべきものはないわけです。

たとえば、家康が行った独自の政策となると、税金を一律に米で取るようにしたことくらいでしょうか。それ以前は貫高制と言って、銭本位制を基調としていました。銭が全ての価格・価値の根っこであったのを、家康は石高を基準とした米で税金を納めるようにしたのです。

　こうした銭から米への変化というものが、家康の政権になってから生まれたわけですが、経済体制の歴史からすれば、銭で全てを決済するほうが、利便性から言っても進んでいた訳です。ところが家康の政権になると、米を通貨代わりにするという、ひと昔前の体制に戻してしまっています。

　当時、税の比率というのは地方ごとに違っており、一律ではありませんでした。よく「五公五民」とか「四公六民」というような言い方をすると思いますが、「五公五民」の場合、公と民間の取り分は五分五分ということです。全体の税の半分を諸藩の殿様が取り、もう半分は民のものとなります。

　これが「四公六民」だと、全体の四割を殿様が取り、残りの六割は民間の留保分となるわけです。この比率は諸藩によって決めてよいということになります。ですから、なかにはとんでもない「八公二民」などという重税を敷く藩なども出てきてしまうわけです。それがのちに天草四郎で有名な島原・天草一揆につながっていくわけですが、ここでは深掘りはしません。

また、当時としては全国一律で銭を用いて税金を徴収できるかというと、先述したように特に列島の東側は発展が遅れていたわけですから、難しかったのだろうと思われます。ある地方では銭で、ある地方では米で、というように税収の手段をバラバラにしてしまうと、やはり日本という国の統一性、均一性が損なわれると家康も考えたのではないかと思います。

このようなことを考え合わせると、家康はあまり抜本的な改革というものは行わない、やはり慎重で平々凡々とした普通の人という印象が拭えません。ここで一大改革をして、日本全国に銭を行き渡らせるとか、そういうようなことはしないわけです。そうではなく、遅れた経済システムである、米主体の納税に切り替えてしまったりする。その意味では、先行する天下人である、織田信長や豊臣秀吉は大きく違っていたことになります。

逆に言えば、徳川の政権というものは、高く評価しない代わりに文句も出ないわけです。このような無難な政権であったことが、日本社会では長続きすることになります。

長子相続という継承システムの確立

徳川の政権はのちに二六〇年にも及ぶ長期政権となりましたが、いかに長くこの徳川将軍家が続いたかは、家康が定めた長子相続というルールが大きかったとも言えます。

二代将軍・徳川秀忠のふたりの息子、竹千代と国松のどちらに将軍家を継がせるか問題になったとき、家康はあくまでも長子である竹千代を三代将軍とすることに決めました。秀忠とその妻・江姫はあまり才覚があるとは言えない竹千代よりも、優秀な次男の国松を推していましたが、家康はこれを頑なに否定し、長子相続を原則としたのです。

ひとつは、兄弟の順番に関係なく、優秀な子どもに後を継がせるということになると、いずれお家騒動に発展し、徳川家自体が割れてしまう可能性があると、家康は考えたのだろうと思います。

他方で、家康以降、江戸幕府ではしっかりとした官僚システムが構築されることで、将軍の神輿《みこし》化が進むのですが、家康はむしろそれを望んでいたのかもしれません。つまり、上に立つ人間は必ずしも有能である必要はないということであり、実務は優秀な家臣がやればいい、というわけです。

織田信長のように、下手にカリスマ性のある人間が上に立つと、さまざま改革がその代で一挙に進むかもしれませんが、そのカリスマを持った人間がなくなれば、たちまちにその政権は崩れてしまいます。そのようなリスクを考えたとき、やはり神輿は自分で動くのではなく、担がれるだけの神輿のままが良い。有能な人間である必要はないということに行き着きます。

信長という稀代のカリスマが存在したことで大きく成長しながら、そのカリスマをひとたび失えば一気に瓦解してしまった織田政権。

信長のビジョンを引き継いだ豊臣秀吉によって天下統一を完成させながらも、後継者問題をクリアできず、短命に終わってしまった豊臣政権。

こうした政権の失敗の上に、家康は徳川の天下をいかに長く続けるかということにも心を砕いたのです。こうして孫やその下の代まで、内紛が起きることをあらかじめ避け、ある種の平和的な解決ができるように家康は先を見据えていた。その結果、徳川将軍家は一五代の長きにわたって、存続することになりました。

このように、先の先のことまで考えていく晩年の家康は、本当にできた人間だったのだろうと思います。

晩年の徳川家康

日本史に学んだ徳川家康

晩年の徳川家康は、非常によく学び、冷静な判断をする人間となりました。

特に家康は、自分と同じように関東に政権を置いた源頼朝と鎌倉幕府の歴史をよく学んでいます。つまり、鎌倉幕府の正史『吾妻鏡』を家康は関東に移った頃から、愛読していたようなのです。

現在、私たちが目にすることができる『吾妻鏡』は「北条本」と呼ばれます。これは豊臣秀吉が小田原の後北条氏を攻めた際、停戦の交渉を担当したのが豊臣方の黒田官兵衛でした。その礼ということで、北条側から官兵衛に贈られたのがこの『吾妻鏡』だったのです。

これを官兵衛の息子である黒田長政が、江戸幕府に献上したことで、徳川家の文庫に所蔵されることになり、のちに「北条本」と呼ばれるようになったとされます。ところが、東京大学史料編纂所の井上聡先生が調べたところによると、この『吾妻鏡』は北条氏が所有していたものではなかったことが判明しました。この「北条本」は、家康自身が関東入りした頃から私財を投げ打って、使者を派遣し、日本全国に散らばっていた『吾妻鏡』を集め、現在あるかたちに作り上げたのです。つまり、これは「北条本」というよりは「徳川本」あるいは「家康本」と言えます。それだけに家康は『吾妻鏡』に執着し、愛読していたと考えられます。

やはり関東に移って以降、東国での武家の歴史を学び、関東での政権づくりをするということを、家康は早い時期から考えていたのかもしれません。こうして、関東に政権を置くという段階に至って、家康は鎌倉幕府の初代・源頼朝に倣い、征夷大将軍という役職を用いたのではないでしょうか。

織田信長が中国の故事を知っていたように、当時、歴史と言えば、中国の歴史を指しています。歴史書は中国の歴史書であり、歴史を学ぶということは中国の歴史を学ぶことでした。そのなかで、家康は初めて日本史というものを意識し、日本の歴史に学んで、政権づくりをした人物だったと言えるのかもしれません。

生涯学び続けた勤勉家

徳川家康という人物は、織田信長のような天才と比べれば、そこまで才能に秀でた人間ではなかったでしょう。あるいはアイデアマンの豊臣秀吉のような、天才的なひらめきというものもなかったかもしれない。つまり有り体に言えば、平凡で普通の戦国大名だった、ということになります。

しかし、それだからこそ、家康は生涯を通して、絶え間なく勉強を続けた人だったのではないかと思います。私はそこが家康の最も優れているところではないかと考えています。

たとえば、晩年の家康は自分の足りないところを補うために、学者や学僧、あるいはヨーロッパ人からも学んでいます。儒学者の藤原惺窩《せいか》の講義を受け、彼の弟子の林羅山を家臣としました。また、僧侶の天海や金地院崇伝、ヨーロッパ人のヤン・

ヨーステン（耶揚子）やウィリアム・アダムズ（三浦按針）らをブレーンとしました。

関東に政権を作る上で、家康は『吾妻鏡』を収集しこれを熟読して歴史に学んだように、家康は最後の最後まで、学び続ける人だった。そうやって、熟慮しながら自分の行動を正していったのです。

それが徳川家康を天下人たらしめ、徳川政権を二六〇年もの長きにわたって存続させることになったのではないでしょうか。

第五章 天下人とは何か

信長・秀吉・家康、三者三様の天下人

三人の天下人

本書では織田信長、豊臣秀吉、徳川家康という三人の天下人について論じてきました。最初の天下人たる織田信長は「天下布武」、すなわち「日本全国を武力でもって統一する」というビジョンを初めて提示した天才的な戦国大名であり、その意味で、大変に稀有なカリスマだったと言えます。

その後、信長というカリスマが率いた織田家臣団のなかで、貧しい農民の出ながら、持ち前の発想力とアイデアで、めきめきと頭角を現していった豊臣秀吉が、「天下布武」というビジョンを受け継ぎます。志なかばで倒れた信長に代わって、秀吉は天下統一を成し遂げ、統一政権を確立しました。

徳川家康はこうしたふたりの天下人の姿に学びながらも、そのふたりとは明らかに毛色の違う天下人でした。信長ほどのカリスマ性も、秀吉ほどの奇抜な発想力も持ち合わせていない家康は、先行する天下人たちからコツコツと学びながら、自分の治世を作り上げていきます。

三者三様の「天下人」をこれまで見てきましたが、本書の終章である第五章では、これまでの章の内容をまとめながら、「天下人」とは何かを改めて考えてみたいと思います。

「天才」織田信長

従来の戦国大名にとって重要なのは、あくまでも自分の本拠地となる土地です。逆に言えば、自分の責任でその領地を支配する権力を有する者が、戦国大名だということになります。

その意味では、最初に天下を統一しようとした織田信長は「普通の戦国大名」とは真逆で、あまりにもかけ離れた存在でした。信長は自分の本拠地を決して特定の土地に縛り付けることはしませんでした。領土を拡張していく過程で、本拠地とはあくまでも統治に最も相応しい場所へと、次々に変えていったのです。

たとえば駿河の戦国大名・今川家では、「今川仮名目録」という自国内で使われる法律を定めています。そのなかには「駿河は今川家が誰の力も借りずに平穏に治めている国である。それゆえに駿河国のなかに今川家の手の入らない土地があってはならない」と記されています。将軍や天皇の力は借りず、駿河は今川がその責任において治める土地である、というわけです。

これがいわゆる室町幕府における守護大名であれば、名目としてはあくまでも将軍の代理であり、自らは将軍あっての存在ということになります。しかし、戦国時代における足利将軍家の存在感の薄さからしてよくわかるように、戦国大名にとってはもはや中央の力は関係ありません。

第二章で述べたように、このような戦国大名のあり方を、永原慶二先生は「大名国家」と呼びました。すなわち、ひとつひとつの戦国大名が、それぞれ国家なのだ、ということです。戦国時代にかけて、日本各地に「国」というひとつのまとまりが生まれ、そこに住む人々も、その「国」に帰属意識を持つようになったと考えられます。現代で言えば、それは県に当たります。その国の庶民たちは、たとえば越後の人であれば、「自分たちは越後人だ」というような意識を持つようになったわけです。

また、越前の朝倉敏景が定めた「十七カ条」では、「内政については他国の者を登用してはならない」とされています。信用できるのは同国人であり、他国人は信用できないというわけです。およそ、これが一般的な戦国大名の価値観だと思います。だからこそ、そう簡単には自分の本拠地を動かさなかったし、他国の人間を重用することもなかったわけです。

武田信玄を例に取れば、彼の本国は甲斐です。そこから信濃へと侵攻し領地を拡大すると、信玄は越後の上杉謙信とぶつかることになります。こうして、およそ一〇年にわたり「川中島の戦い」を繰り広げました。そうなると、当時でいう海津城(現在の松代城)が武田側の前線基地です。つまり上杉の軍勢を海津城で食い止めている間に、本拠地である甲府から本隊を動かして救援に向かわせることになります。ならば、いっそのこと諏訪あたりに拠点を移せば、対上杉の軍勢も動きやすく、かつ甲斐と信濃の領国全体を治めるのにも都合がよかったはずです。ところが、信玄は頑として甲府を動きませんでした。

繰り返すように、武田信玄にとってあくまでも甲斐が本国です。信濃へ領土を拡大しても、それは変わりません。

今川も駿河から遠江、三河と西へ領土を拡大しましたが、本拠地は駿河から決して移しませんでした。そこには、今川の本国は駿河であるという意識が感じられます。つまり、戦国武将にとって、守るべきものはあくまでも「自分の国」だったと言えるでしょう。

こうした戦国大名のあり方からすると、やはり織田信長の存在が際立ちます。尾張の那古野城で生まれたのち、清洲城へと移り、美濃攻めのために小牧山城、美濃を攻め取った後は岐阜城、その後、安土城へと、信長は本拠地を次々に変えていきました。先に述べたように、その次には大坂に入るつもりだったとも考えられています。

信長はその時々の戦略、政治上の目的のために自身の居城を移すことを全く厭わない戦国大名でした。その意味で、信長は戦国大名としては特異な存在だったと言えます。

武田信玄も信濃国を攻め、領土を拡大しています。今川も遠江、三河と次々に領国拡大に動いています。しかしながら、彼らは決して本拠地を動かしませんでした。これは領土拡大が一番の目的ではなく、自国領の安全を保障するための侵略に過ぎなかったのだと考えられます。つまり、本拠地を守るために、緩衝地帯となる領地を増やす、という意味での侵略です。

武田や今川と比べると、やはり織田信長は目的がそもそも違いました。彼が「天下布武」を掲げたとき、明らかに彼の構想の先にあったものは、全国の全てをまとめて、日本という国を統一することでした。

「天下統一」というビジョンを打ち出し、「日本をひとつにする」と考えた戦国大名は、信長が初めてだったのです。

つまり、信長は「天下布武」というビジョンを初めて提示したという意味で、「天才」的だったと言えるでしょう。

「アイデアマン」豊臣秀吉

信長は、国という単位に拘泥せず、自分にとって今、必要な地域はここだと決めて、支配地域を広げていきます。本拠地を次々に変えたのも、政治や軍事、経済の状況を見極めながら、その時々で最も重要な拠点と思われるところに移ったからなのです。

「日本をひとつにまとめて、ひとつの権力によって支配する」＝「日本をひとつの国とする」こと。すなわち「天下布武」というビジョンを信長の死後、受け継いだのが豊臣秀吉でした。

信長は天下統一まであと一歩というところで、明智光秀の謀反に遭い、本能寺の変で討たれてしまいます。この光秀を倒し、信長の後継者レースに勝利した秀吉が、信長のビジョンを見事に実現したのです。

先述したように、信長の死後、徳川家康は落武者狩りに怯え、「神君伊賀越え」によって九死に一生を得る経験をしています。光秀もまた、秀吉に敗れたのちに農民たちによる落武者狩りで討たれています。

つまり、信長というカリスマの力で統治された政権は、信長が死ぬと同時にその秩序を一気に瓦解させました。いわばアナーキーな状態になってしまったのです。

その意味では、信長の政権は明確に天下統一というビジョンを打ち出しながらも、本能寺の変で討たれた頃にはまだ、ひとつの国としての秩序と体制を盤石にはできていなかったと言えるでしょう。

しかし、秀吉の場合はどうでしょうか。秀吉の死後、日本全土がアナーキーな状態になったかというと、そうではありません。豊臣政権は家康をはじめとした五大老と石田三成らの五奉行を中心に運営されました。その後、東軍と西軍に分かれて天下分け目の合戦へと発展しますが、少なくとも信長が亡くなった後のようなアナーキーな状態にはなっていません。つまり、豊臣政権下で世の秩序は保たれていたのです。

第三章でも述べたように、太閤検地と刀狩などといった全国的な改革策を通じて、秀吉は複雑に絡み合った土地の権利関係を一本化し、中世の間、続いてきた荘園制のあり方に終止符を打ちました。

まさに秀吉の改革によって、中世は終わりを告げ、日本というひとつの大きなまとまりが生まれていったのだと思います。

「天下統一」というビジョンを打ち出した天才・織田信長。そして、そのビジョンを引き継ぎ、持ち前の才覚でこれを具体的に実現したアイデアマン・秀吉。

この先行する天下人のビジョンとアイデアを引き継ぎ、これを統治システムとして完成させたのが、三人めの天下人・徳川家康でした。

「普通の人」徳川家康

家康は信長や秀吉とは異なり、関東に政権の本拠地を置きます。もともとは秀吉により関東地方へと移封された家康でしたが、自分の政権を立ち上げるに当たっても、その関東を選びました。

信長や秀吉がそうしたように当時としては、大坂や京都といった畿内の経済が盛んな都市で政権づくりをするのが定石でしょう。

しかし、家康はそうせずに江戸を選択しました。その結果、関東は江戸時代を通じて、西国に対するそれまでの遅れを取り戻すかのように急激に発展していったのです。

晩年の秀吉政権の失敗は、朝鮮出兵を強行したことでしたが、こうした極端な外交政策から一転、家康は内需拡大へと動いています。もちろん、それは朝鮮出兵の失敗を受けてということでもありましたが、関東や東北を開発することで、日本はまだまだ豊かになると考えたのかもしれません。

先の章では、なぜ秀吉は家康を潰さなかったのかという謎について考えてみました。東日本よりも西日本のほうが進んでいるという日本史における大原則に則るならば、関東はあくまでも僻地であり、東北はさらに辺境の地ということになります。その状況からすれば、家康を関東に追いやったことは明らかな左遷であり、秀吉はそれでよしとしたのかもしれません。

僻地とはいえ、関東に移されたのち、二五〇万石に加増された家康は、これを逆手に取って、新たな領地の開発と運営に努め、地力を増していきました。土木工事を好んだ家康にとってはやりがいのあった仕事だったのかもしれません。

家康は信長、秀吉が亡くなるまで、自らが天下人になるという野心を表に出すことはありませんでした。実際に家康がそのような野望を、自ずから抱いたかというと、否だと思います。家康は信長や秀吉に比べれば、明らかに普通の戦国大名の側にあるでしょう。自分の本領を守ることを第一と考えたはずです。

しかし、秀吉が天下統一に向けての戦いを続ける過程で、家康もまた秀吉と戦わざるを得なくなりました。すでに賤ケ岳の戦いにおいて野戦築城と兵の機動力による戦を完成させていた秀吉は、同じような戦法で家康を攻略しようとします。しかし、この小牧・長久手の戦いで一枚上を行ったのは家康でした。

おそらく家康は、信長や秀吉といった先行する天下人の姿に学びながら、少しずつ自分の天下というものを思い描いていったのでしょう。秀吉が亡くなり、自分を阻む大きな勢力が潰えたとき、改めて自分の政権構想を実行に移したのです。その政権づくりにおいても、家康は歴史によく学び、のちの長期政権につながる体制の基礎を築きました。

苦労を重ねながらコツコツと学び、天下を取った徳川家康。まさに普通の戦国大名が天下人となったのです。家康以降、徳川の幕藩体制によって日本はひとつにまとまり、安定した政権運営が続いていくことになります。

日本をひとつにしようとした者たち

日本はもともとひとつではなかった

日本をひとつのものにする、日本はひとつであるという考え方のどこが異例だったのか。私たちは子どもの頃から日本という国は「ひとつの言語を使う、ひとつの民族が、ひとつの国家を作り、長い歴史と伝統を紡いできた」と教わってきたと思います。

ところが、です。果たして、そもそも日本は最初からひとつの国だったのでしょうか。

本書でも要所要所で述べてきましたが、歴史的に見て日本列島の東西は、同じように発展していったわけではありません。大陸との交流によって進んだ文化や制度は、日本列島の西側から流入し、その結果、西国を中心に発展してきました。

また、古代日本においてヤマト政権の本拠地となったのは、現在の奈良県桜井市の「纏向《まきむく》遺跡」の周辺であったと考えられています。大陸や半島への玄関口である北九州ではなく、なぜ奈良の纏向だったのでしょうか。

先に戦国大名は本拠地の安全保障として、敵対勢力との間に緩衝地帯を置くために、隣国を攻め取ったと述べました。つまり敵対勢力から距離を取ることが、ひとつの安全策となっていたわけです。奈良に政権の本拠地が置かれたというのも、これと同じだったのではないでしょうか。つまり、外部勢力から物理的な距離を取ることが重要だったのだと考えられるのです。

奈良の纏向に本拠を置き、伊勢神宮がその奥宮だとすると、ここが西国の東端になります。つまり畿内と伊勢神宮が、西国のどん詰まりになる訳です。

これより先には、愛発関《あらちのせき》、不破関、鈴鹿関という三つの関が置かれていました。それぞれ現在の福井県、岐阜県、三重県に当たる場所にありますが、この関の東側を位置する地域を「関東」と呼び、西国の統治が充分には及ばない、ある種の「未開拓地」とされていました。

天皇の代替わりなど重要な出来事があった場合、朝廷はこの三つの関を閉ざす「固関《こげん》」という行事を行ってきましたが、これはまさに関の外＝東側からやってくる、政権を脅かす勢力の侵攻を警戒したものだったと言えます。

天下人＝日本をひとつにしようとした者たち

このように考えると、ごく一般の戦国大名たちにとって、日本というものはひとつではなかったと考えられます。

武田も今川も、自分たちの「国」とは、本拠地である甲斐や駿河であり、日本全国を指すものではありません。つい私たちは、戦国大名の全てが、領土の獲得争いを繰り広げ、天下統一を目指していたと考えてしまいますが、実はそうではなかったわけです。

そのなかで、信長だけが初めて、明確に日本全国を意味する天下統一というビジョンを掲げたのです。その意味でも、信長は天才的な存在だったと言えます。そして、この日本をひとつにするプロジェクトを引き継いだ、秀吉、家康がそれぞれ天下人となり、中世を終わらせ、近世という新しい時代を作り上げていったのです。

つまり、日本をひとつの国と考え、これを本当にひとつにしようとした者たち、それこそが天下人だったと言えるでしょう。

信長、秀吉、家康という三人の天下人が登場したことによって、まさに日本はひとつの国となり、この「国のかたち」があるひとつの方向へと進んでいったのではないでしょうか。

おわりに

本書では織田信長、豊臣秀吉、徳川家康という三人の「天下人」について論じてきましたが、いかがでしたでしょうか。

いずれもそれぞれ独自の個性を持っている三人の「天下人」は、これまで映画や歴史小説の主人公に取り上げられ、さまざまな伝説や物語によって語られてきました。

ＮＨＫの大河ドラマでも、この三人はそれぞれ主役して、度々取り上げられています。また、二〇二三年から放映が開始される大河ドラマ『どうする家康』でも、天下人・徳川家康が取り上げられ、ジャニーズの松本潤さんが家康役を務めることで話題となっています。

本書では、「天才・信長」「アイデアマン・秀吉」「普通の人・家康」と三者三様の個性に基づいて論じてきました。大河ドラマ『どうする家康』では、いったいどんな家康像が描かれるのか、とても楽しみです。

時代を同じくした三人の天下人のなかでも、徳川家康は一番長命で、その長い人生のなかには、まさに「どうする!?」と決断を問われることが度々あったことでしょう。

本書でも紹介したように、家康は幼少期に織田と今川で人質として過ごし、ほぼ初陣だった桶狭間の戦いでは、主君である今川義元を亡くしています。その後、家康は今川に戻るのではなく、自家の本領であった三河岡崎に帰還することを選択しました。そして、戦国大名として生きていくために、織田信長と同盟を結び、彼の天下を支えるために、ほとんど身を粉にして尽くす訳です。その信長が亡くなったのち、天下統一に向けて動いた秀吉と対立する過程で、次第に家康も天下というものを考えたのかもしれません。

私は家康を取り上げた本書の第四章で、晩年の家康は本当によくできた人物だったと述べました。最初の天下人である織田信長が持っていたカリスマ性も、次の天下人である豊臣秀吉が持っていたアイデア力も、家康は持ち得なかったかもしれません。しかし、生涯を通じて、コツコツと学び続けるという平凡ながらも大切な才能を持っていたのだろうと思います。

当然ながら、信長のような天才も、秀吉のようなアイデアマンも、そうそうこの世の中にいるわけではありません。私たちの多くはそこまで極端ではない、「普通の人」です。その意味では、「普通の人」でありながら「天下人」となった家康に、私たちは最も共感を覚えるのではないでしょうか。

本書では何気なく使っている「天下」という言葉を通じて、この日本という国のかたちに至るまで、考えてみました。信長、秀吉、家康という「天下人」がいかに、日本の国のかたちを変えた画期的な人物だったたか、おわかりいただけたのではないかと思います。「天下」や「日本」という言葉も含めて、私たちが普段使っている言葉にも当然ながら歴史があります。本書を手引きに、あらためて歴史の魅力を感じていただけたら幸いです。

本郷和人

主要参考文献●

（順不同）

笹山晴生ほか『詳説日本史B　改訂版』山川出版社
本郷和人『信長　「歴史的人間」とは何か』トランスビュー
本郷和人『「合戦」の日本史』中公新書ラクレ
本郷和人『「失敗」の日本史』中公新書ラクレ
本郷和人『承久の乱　日本史のターニングポイント』文春新書
本郷和人『日本史を疑え』文春新書
本郷和人『考える日本史』河出新書
本郷和人『日本史の法則』河出新書
本郷和人『怪しい戦国史』産経セレクト
本郷和人『「違和感」の日本史』産経セレクト
本郷和人『変わる日本史の通説と教科書』宝島社新書
本郷和人、門井慶喜『日本史を変えた八人の将軍』祥伝社新書
池上裕子『織田信長』吉川弘文館
藤井讓治『徳川家康　時々を生き抜いた男』山川出版社

本郷和人（ほんごう かずと）
1960年、東京都生まれ。東京大学史料編纂所教授。東京大学・同大学院で石井進氏、五味文彦氏に師事し日本中世史を学ぶ。史料編纂所で『大日本史料』第五編の編纂を担当。著書に『新・中世王権論』（文春学藝ライブラリー）、『権力の日本史』『日本史のツボ』（いずれも文春新書）、『乱と変の日本史』（祥伝社新書）、『日本中世史最大の謎！ 鎌倉13人衆の真実』（宝島社）ほか多数。

天下人の日本史
信長、秀吉、家康の知略と戦略
（てんかびとのにほんし　のぶなが、ひでよし、いえやすのちりゃくとせんりゃく）

2022年12月23日　第1刷発行

著　者　本郷和人
発行人　蓮見清一
発行所　株式会社　宝島社
〒102-8388 東京都千代田区一番町25番地
電話：営業　03(3234)4621
　　　編集　03(3239)0646
https://tkj.jp
印刷・製本：中央精版印刷株式会社

ISBN 978-4-299-03666-7